QUE

L'EUROPE

SOIT ATTENTIVE

AUX ÉVÉNEMENTS POSSIBLES

EN

AMÉRIQUE

PAR

R.-F. FRESNEL

PARIS

E. DENTU, LIBRAIRE-ÉDITEUR,

PALAIS ROYAL. GALERIE D'ORLÉANS, 13 ET 17.

Janvier 1862.

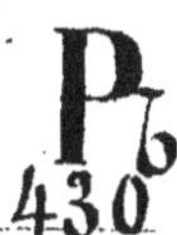

QUE

L'EUROPE

SOIT ATTENTIVE

AUX ÉVÉNEMENTS POSSIBLES

EN

AMÉRIQUE

PAR

R.-F. FRESNEL.

PARIS

E. DENTU, LIBRAIRE-ÉDITEUR,

PALAIS ROYAL, GALERIE D'ORLÉANS, 13 ET 17.

—

Janvier 1862.

liblement naître tout ce qui caresse leur intérêt matériel et l'amour-propre national.

Les prétentions que venaient de manifester les Etats-Unis arrivèrent bientôt en Europe.

Ceux qui n'ont vu que de loin les Américains regardèrent cette nouvelle comme le jet d'une boutade, d'un simple caprice sans consistance.

Mais les personnes, au contraire, qui les ont regardés de près savent que leur caractère déterminé, entreprenant, leur désir immodéré d'acquérir de la fortune, sont des causes qui électrisent et poussent ce peuple audacieusement aux entreprises les plus aventureuses, et que, du moment où ses convoitises sont de nature à le surexciter fortement, il ne recule point devant des démarches aussi hasardeuses qu'incertaines, si elles lui présentent quelques chances d'accroître ses richesses et d'élargir les limites de son territoire.

La nouvelle dont il s'agit fit une assez vive impression sur les hommes d'Europe qui connaissent l'esprit américain et les tendances envahissantes vivaces par lesquelles il est remué et poussé incessamment.

Ils virent, dans la proposition et le vœu produits au sein du gouvernement de Washington, un fait sérieux, un danger immense qui menaçait l'industrie et le commerce du vieux Continent d'anéantir à peu près complétement toutes les sortes de transactions qui s'accomplissent aujourd'hui avec le Nouveau-Monde.

Malgré le refus péremptoire de l'Espagne d'accéder aux propositions qui lui furent faites de livrer sa colonie, les Américains n'en conservèrent pas moins l'idée que, par un moyen quelconque, ils deviendraient dans un temps donné propriétaires de Cuba.

§ II.

On se rappelle encore qu'en 1851, l'aventurier Lopez, général sans caractere reconnu, n'en tenta pas moins deux descentes sur l'île espagnole, qui eurent lieu au sud du cap San Antonio, pour soulever les noirs, aidé qu'il était des sympathies de quelques créoles mécontents d'être remplacés par des Espagnols venant de la métropole, pour remplir les fonctions que ces créoles avaient exercées jusqu'alors dans les administrations publiques.

La première expédition fut sans résultat.

La deuxième devint funeste à Lopez, car il fut saisi par les troupes du gouverneur, qui le fit garroter jusqu'à ce que mort s'en suivît.

Si Lopez eût en effet, comme il s'en flattait et ainsi que la chose était possible, soulevé les quinze cent mille noirs de l'île, il est certain que l'Espagne eût couru le grand risque de perdre cette riche et productive colonie, qui n'aurait pas le cas échéant manqué de trouver sur le Continent américain un maître plus accrédité que l'aventurier Lopez.

§ III.

La terre de l'Union américaine est un sol favorable à la production des aventuriers audacieux et entreprenants.

Qui n'a pas mémoire des exploits si souvent répétés du fameux Walker, pour pénétrer par plusieurs points, avec ses bandes de flibustiers, au cœur des états qui composent l'Amérique centrale, notamment par le fleuve San Juan du Nord.

L'année dernière (1861) Walker prenait possession d'une île de la dépendance du Hunduras ; une mauvaise chance fit tomber cet aventurier, qui n'était avoué par personne, dans les mains du gouvernement de cette République, qui mit fin à ces expéditions iniqnes de boucanier en le fusillant.

Les Républiques qui forment l'Amérique centrale et qui sont le trait d'union de l'Amérique du Nord avec l'Amérique du Sud, éprouvent des craintes vives et perpétuelles de voir surgir de l'Amérique du Nord quelque nouvel envahisseur sans mandat avoué, qui viendrait subitement leur imposer la loi tyrannique du plus fort.

§ IV.

Le vieux Mexique est déchiré par des factions qui achèvent de détruire les restes du peu de force qu'il a toujours eu et que trois puissances bien avisées de la vieille Europe sont occupées en ce moment à relever, en y établissant l'ordre et l'union, ce qui n'est pas une petite ni facile besogne.

Ce pauvre vieux Mexique a déjà été passablement rogné, il est vrai, de son plein gré, puisqu'il croit que c'est volontairement qu'il a été porté à livrer aux Américains d'assez belles et grandes surfaces de son territoire.

Le nouveau Mexique est passé en 1846, sous le nom de Nouvelle-Californie, dans le domaine des Etats-Unis, qui en firent solennellement l'annexion en mars 1851, ce qui donna alors lieu à l'adjonction d'une trente-deuxième étoile au drapeau fédéral.

L'annexion de ce vaste, beau et fertile pays, a été le résultat d'une conquête faite sans bruit. Sauf les quelques coups de canon tirés à Santa-Clara par un officier français de Carcassonne, qui commandait l'artillerie mexicaine, on pourrait avancer que cette magnifique Californie est passée des mains de ces bons Mexicains dans celles des Américains sans qu'il ait été besoin pour ainsi dire de brûler une amorce.

La Californie, à l'époque de l'annexion, n'ayant presque pas d'agriculture, ne pouvait nourrir ses habitans si subitement augmentés des nombreux immigrants amenés de tous les points du globe par les mines d'or ; il lui fallut tirer du Chili, pays fertile, les quantités considérables de farines que comportaient ses besoins présents.

Aujourd'hui l'état des choses est bien changé.

L'activité infatigable des Américains a fait produire à la Californie, non-seulement tous les grains nécessaires à la nourriture de sa population, mais encore un excédant qui s'accroît incessamment, de sorte qu'elle fait maintenant des exportations de céréales à l'étranger, au lieu d'en recevoir, comme cela avait lieu il y a à peine dix ans.

San Francisco n'était, en remontant en arrière, à cette époque, qu'une agglomération de maisons pour la plupart exécu tées en planches ; actuellement il n'est pas rare de voir s'élever en bordures de ses rues de magnifiques maisons coûtant de 12 à 15 cent mille francs ; de somptueux hôtels, construits également en pierres de taille et décorés des huit ou dix espèces de beaux marbres sorties des carrières situées de l'autre côté de la baie et façonnées par les usines à vapeur que chauffe le charbon de terre découvert pareillement du même côté.

Dix autres villes, et plus improvisées, en Californie sont elles-mêmes en pleine prospérité.

Ces faits, et beaucoup d'autres bien connus des personnes qui ont suivi de près ou de loin les évolutions américaines, établissent que depuis longtemps les Etats-Unis ont constamment voulu et ont réussi à agrandir leur territoire, et que le peuple possède une admirable aptitude pour fertiliser et faire produire utilement les adjonctions que l'Union fait à ses domaines.

§ V.

La déclaration de l'indépendance américaine est du 4 juillet 1776. A cette époque, la fédération se composait de treize Etats (1). Chacun d'eux « conserve sa souveraineté, sa liberté » et son indépendance et aussi tous les pouvoirs, juridictions » et droits qui ne sont pas expressément délégués *aux Etats-* » *Unis assemblés en Congrès* par le présent acte de confédéra- » tion. » (Article 2 de la confédération des treize Etats. — Paris, 1795.)

Ce sont ces treize Etats qui ont formé le noyau autour duquel s'est faite l'agglomération des diverses annexions successives qui avaient porté le nombre des Etats de l'Union américaine, en 1851, à trente-deux, et qui a été élevé, croyons-nous, dans ces derniers temps, par l'annexion de l'Orégon et du Mormon, à trente-quatre.

Ainsi, on voit quel chemin a fait l'extension du territoire de l'Union depuis 1776. On pourrait dire 1789.

Cet accroissement progressif et non interrompu des Etats de l'Union prouve d'une manière irréfragable générale que l'esprit public américain le porte incessamment à élargir les limites de son territoire.

La première session du Congrès, à la ratification duquel la constitution avait été soumise, commença le 4 mars 1789.

C'est à New-York que se réunirent les représentants ; ils établirent un *département des affaires étrangères*, un *département de la guerre*, un *département de la trésorerie*.

Ils fixèrent les appointements des officiers exécutifs des gouvernements ; ils allouèrent des compensations aux membres du Sénat et de la Chambre des représentants des Etats, etc., etc.

On peut dire que c'est seulement de cette date que l'Union américaine fut constituée en gouvernement régulier, auquel venaient aboutir les treize Etats qui étaient obligés, aux termes

---

(1) C'étaient : New-Hamshire, — Massachussets, — Rod-Island, — Connecticut, — New-York, — New-Jersey, — Pensylvanie, — Delaware, — Maryland, — Virginie, — Caroline septentrionale, — Caroline méridionale, — Georgie.

de la *constitution des Etats-Unis*, d'en référer au Congrès pour tout ce qui était d'ordre et d'intérêt public général.

A cette époque, la population de l'Union américaine n'excédait pas six millions.

Ce chiffre approximatif s'est accru, depuis 1789, sous l'action des causes qui augmentent naturellement les populations, mais surtout par la circonstance exceptionnelle de l'immigration qui s'est faite de tous les points de l'ancien Continent, chaque année, dans des proportions considérables. Cette expatriation volontaire s'opérait par les hommes qui, ne trouvant pas sur le sol de leur pays la vie suffisamment heureuse, ou bien conduits par un caractère aventureux qui les portait à chercher une nouvelle patrie où ils savaient être accueillis en frères.

Les uns et les autres étaient assurés, après leur naturalisation et un certain temps de séjour, d'obtenir des terres fécondes en toute propriété à de très-douces conditions, et de plus les droits civils dont jouit le citoyen dans la République américaine.

Ces causes attractives, si puissantes sur l'esprit d'hommes qui ne pouvaient rien espérer d'aussi heureusement favorable dans leur patrie, ont, en moins de trois-quarts de siècle, plus que triplé la population des Etats-Unis, — aujourd'hui d'environ trente millions ; — elles ont concouru à porter la prospérité de cette vaste contrée, dans toutes les branches de la richesse, à un degré relativement inouï, sans exemple en Europe.

§ VI.

L'étendue des possessions de l'Union américaine est, comme on sait, déterminée ainsi :

Au *nord*, du côté des provinces anglaises, par une ligne qui part de la baie du Fundy sur l'Atlantique, remonte verticalement vers le Saint-Laurent, fait par une courbe un mouvement à angle droit, puis se dirige sur le lac Ontario, le touche un instant, longe extérieurement les lacs Iroquois et Supérieur, quitte ce dernier au port Charlott, touche ensuite au lac des Bois; de ce dernier point suit une direction droite, arrive à la rivière de Colombia, et par l'Orégon aboutit vers la hauteur de l'île de Vancouver au détroit de Juan de Faca, sur le Pacifique.

Au *sud*, du côté du vieux Mexique, par une ligne partant, sur le golfe du Mexique, de la Laguna del Madré à l'embouchure de Rio-Grande del Norté, dont elle suit les sinuosités, traverse la Sierra Membré à la hauteur du petit San Diego, longe le San Pedro, le quitte à son confluent avec le Colorado, passe au Nord du grand San Diego, et aboutit en face de Santa Catalina, sur le Pacifique.

A l'*est*, par l'Océan Atlantique, à partir de la baie de Fundy jusqu'à la pointe de la grande Floride, et de là ensuite, par le golfe du Mexique, jusqu'à l'embouchure de Rio-Grande del Norté.

A l'*ouest*, par l'Océan Pacifique, à partir du détroit de Juan de Faca, jusquà Santa Catalina.

La surface que circonscrivent les limites que nous venons de rappeler est dix fois et bien au-delà plus grande que toute l'étendue de la France.

On conçoit que l'agriculture n'est pas possible sur toutes les parties de cette immense superficie du territoire américain. Il faut en retrancher tout d'abord :

L'étendue des nombreux fleuves et rivières qui forment des rameaux plus multipliés dans ce pays que dans tout autre en Europe.

Les lacs, grands ou petits, qu'on aperçoit souvent, et au milieu desquels se distinguent l'Ontario,—l'Erié,—l'Iroquois, —le Huron,—le Michigan, — et le lac Supérieur, qui est le plus grand de tous.

Les montagnes, plus ou moins importantes, présentent, par leur quantité, des surfaces étendues négatives pour les travaux agricoles ; celles de ces motagnes les plus considérables sont : l'Alléghany, entre la Virginie et la Caroline puis la chaîne des montagnes Rocheuses, qui se déploie majestueusement du côté du Pacifique.

Les vastes et nombreuses forêts qu'offrent les Etats-Unis viennent aussi apporter leur contingent pour diminuer les surfaces qu'on a pu livrer à la culture.

Les terrains marécageux y contribuent eux-mêmes.

Enfin, après ces retranchements forcés, on admet encore que, dans l'étendue qui reste, il y ait des terrains en assez grand nombre et surface dont la nature du sol proprement dit, par rapport à sa qualité, se refuse à recevoir avec fruit les travaux de l'agriculteur.

Bien qu'il restât aux Américains, après ces suppressions obligées, des superficies immenses de bonnes terres à distribuer aux nouveaux arrivants et en général à la population augmentée de vingt-quatre millions depuis 1789, c'est un fait connu cependant que les concessions s'obtiennent avec un peu moins de facilité et se font dans un esprit de largesse sensiblement restreint maintenant. On ne croit pas cependant que la nécessité dicte ces semblants de restrictions.

§ VII.

Le gouvernement de Washington ne touchera pas bénévolement à l'intégrité des forêts, dont le prix, sous tous les rapports, est trop bien connu dans leur État actuel, pour qu'il se détermine à livrer des surfaces de quelque importance aux travaux de la culture.

D'un autre côté, il sait parfaitement que si les causes essentielles qui ont agi puissamment pour produire l'immigration en faveur de l'Union, c'est-à-dire la concession de terres aux nouveaux arrivants cessait, ou même était restreinte à des surfaces dont l'exiguïté ne serait plus un appât suffisant, il sait très-bien qu'il lui faudrait renoncer au concours si efficace de ces hommes qui quittent courageusement le pays qui les a vus naître et arrivent dans la nouvelle patrie dont ils ont fait choix pour y déployer cette force d'énergie, cette puissance de volonté persévérante qui aplanit infailliblement les obstacles et donne des résultats heureux, qui entretiennent continuellement et échauffent cet élan extraordinaire pour les plus colossales et difficiles entreprises.

C'est par les auxiliaires de toutes sortes qu'a fournis l'immigration que les Etats-Unis ont trouvé la coopération féconde de l'intelligence et l'adjonction d'idées nouvelles appropriées aux besoins, dont les influences ont aidé si remarquablement à fertiliser leur sol, à élever particulièrement dans les Etats du Nord ces vastes établissements industriels créés et entretenus par les matières premières que des bras vigoureux font sortir du sein et de l'extérieur de la terre, et que d'autres de leurs mains habiles façonnent à un degré de perfection qui étonne l'Européen mis en présence de ces merveilleux résultats.

§ VIII.

La séparation des Etats du Sud qui se retirent de l'Union n'est qu'un accident fâcheux, il est vrai; mais le centre américain, qui a servi dans l'origine à former la base et l'appui solide pour développer sur une si grande échelle la puissance de la nation américaine, n'en recevra guère qu'une secousse d'un effet de plus ou moins de durée. Dans tous les cas, nous ne pensons point que l'équilibre dans l'unité de vues des Etats qui restent attachés à la fédération puisse être rompu par le fait de la défection des Etats du Sud, qui ne sont qu'au nombre de dix tout au plus.

Les Etats restés sous le drapeau fédéral sont donc de vingt-quatre.

Ces Etats se composent de ceux qui se sont plus particulièrement jusqu'alors livrés à l'industrie et au commerce.

Ils façonnaient presque exclusivement les matières premières que les Etats du Sud, adonnés surtout à la culture du coton, leur fournissaient.

Aujourd'hui, cet ordre de choses est changé.

Il faut que les Etats du Nord et les Etats du Sud se suffisent séparément à eux-mêmes.

C'est une ère nouvelle qui s'ouvre pour les Américains, mais ce sera pour les Etats du Nord, dont la constitution physique des habitants est remarquablement forte, une circonstance qui redoublera leur énergie, leur puissance de volonté pour retrouver, quelque part que ce soit, la perte qu'ils éprouvent des Etats producteurs, de certaines matières, qui les quittent.

Les vingt-quatre Etats du Nord, essentiellement industriels et commerçants, sont aussi les navigateurs les plus déterminés, et proportionnellement ils possèdent une marine plus nombreuse et plus exercée que celle des Etats du Sud.

Les côtes des Etats du Nord ont les plus beaux ports : Boston, New-York, Philadelphie, Washington, etc., etc., le beau port de Charlestown, que le Nord a comblé, par un sentiment de vengeance contre le Sud, acte que l'Europe blâme avec sévérité et raison, et qui n'est pourtant qu'un fait ordinaire que la guerre se permet.

L'Océan Atlantique, qui se déploie devant les ports du Nord, est libre et n'offre d'autres dangers aux navigateurs que les caprices atmosphériques.

Tandis que le port de la Nouvelle-Orléans, qui est le plus beau du Sud, a, en outre de ces capricieux dangers des éléments, l'action très-nuisible du *gulfstream*, dont le courant se fait constamment sentir dans le golfe du Mexique, et ensuite *la passe*, toujours pleine de risques, du détroit de la Floride. Ces deux circonstances permanentes qu'il faut subir présentent souvent de bien mauvais hasards aux vaisseaux qui quittent le port de la Nouvelle-Orléans pour gagner l'Ocean Atlantique.

§ IX.

La lutte engagée maintenant (janvier 1862) entre les Etats du *Nord* et les Etats du *Sud* prendra de plus en plus le caractère d'une guerre implacable.

L'un des deux partis doit succomber, et celui qui tombera n'est pas *douteux!*

Dans les combats fratricides qui vont se livrer avec tout l'acharnement de passions qu'exhaltent au dernier degré le froissement dans les intérêts politiques, la susceptibilité dans l'amour-propre blessé : ce sont là au début les principaux faits plus ou moins réels qui ont déterminé la scission.

Les éventualités possibles des pertes considérables qui résulteraient de l'affranchissement des esclaves, sans remboursement du prix de leur valeur, n'ont fait qu'envenimer les premiers motifs de la querelle.

Le Sud n'aurait trouvé de satisfaction qu'en obtenant les concessions sans retard, spontanées, pour ainsi dire, des Etats du Nord, que ceux-ci ne voulaient pas faire, et dont l'octroi pouvait seul calmer les esprits en supprimant les causes qui donnaient depuis longtemps naissance à des plaintes de la part des Etats du Sud, qui ne croyaient point jouir de l'étendue de leurs droits politiques au même degré que les Etats du Nord.

Si les vues généreuses de Wilberforce, qui a déployé tant de zèle et de talent, tant d'éloquence pour flétrir l'existence de l'esclavage; si l'infatigable courage dans les recherches, les rapprochements statistiques et économiques de Clakerson, démontrant, qu'abstraction faite des hautes considérations humanitaires, il y avait, au seul point de vue de l'intérêt matériel, de grands avantages pour la société générale à proclamer partout l'abolition de l'esclavage ; s'ils ont, en effet, ces deux nobles citoyens, fait pénétrer leurs principes, leurs moyens et leurs vues au cœur de l'esprit public, et qu'ils aient acquis un grand nombre d'adeptes dans les Etats du Nord, ce n'est cependant pas, au début, la volonté d'abolir l'esclavage qui a mis à ces Etats les armes à la main pour soutenir la guerre contre les Etats du Sud, où se trouvent plusieurs millions d'esclaves.

Il y avait des moyens d'apaisement, de conciliation possibles avant l'engagement sérieux de la lutte ; actuellement (15 janvier 1862) le sont-ils encore ? De tout temps leur application était difficile; chaque jour l'empêchement augmente; mais, en admettant que de nouveau elle fût praticable, il est douteux que, dans l'état actuel où sont les esprits, des deux côtés elle eût l'efficacité voulue.

Le Nord reconnaîtrait-il l'indépendance du Sud, qu'il regarde comme rebelle ?

Si le Nord faisait cette démarche, ne perdrait-il pas à ses propres yeux la force dont il se croit doué, aux yeux du monde le prestige que la puissance de l'Union américaine exerce ?

On peut douter que le Nord se détermine à accepter ces sacrifices, qu'il regarderait probablement être d'un mauvais exemple et irréparables.

§ X.

L'Angleterre, par son besoin de coton, reconnaîtra-t-elle les Etats du Sud ? Si elle les reconnaît tels qu'ils sont au point de vue de leur organisation productive, elle reconnaît en même temps et consacre implicitement la permanence de l'esclavage, à moins qu'elle n'obtienne préalablement du Sud la mesure dont la Grande-Bretagne fit l'application en 1842 dans ses colonies des Antilles, qui exigeait qu'avant l'émancipation l'esclave s'engageât par contrat, et d'après un prix déterminé, de fournir comme homme libre son travail durant un certain nombre d'années.

Les colonies anglaises, sous ce nouveau régime du travail, continuèrent à prospérer ; — tandis que nos colonies françaises, où l'émancipation des esclaves se fit sans condition, les bras manquant tout-à-coup, elles furent fortement ébranlées et se sont ressenties longtemps de la mesure sans prévoyance qui avait été prise.

Si la Grande-Bretagne reconnaît les Etats du Sud, le *casus belli* existera pour les Etats du Nord, et la guerre entre eux et l'Augleterre aura lieu dans un temps donné.

§ XI.

La question américaine étant, pour sa solution, abandonnée à elle-même, on trouve, en pesant les chances des parties belligérantes dans cet horrible conflit, que les Etats du *Nord*, numériquement parlant, possèdent la plus grande force.

On peut ajouter que ce sont ces Etats qui ont presque toujours fourni les hommes quand il s'est agi d'entreprises lointaines et périlleuses. — Cela se conçoit ; le mouvement incessant qu'avaient toutes les classes de la population du Nord, livrées plus particulièrement aux bonnes ou mauvaises chances de l'industrie et du commerce, des voyages aux longs cours, les a familiarisées avec tout les genres de dangers et habituées à envisager avec mépris les périls que font naître, accompagnent et qui s'en suivent d'une opération hasardeuse, mais qui leur sourit.

Que les Etats du *Sud*, par leur population moindre, présentent une force relative bien inférieure.

Puis, ces plusieurs millions de noirs ou autres esclaves qui ne demandent pas mieux de profiter de l'occasion favorable pour briser leurs chaînes, sont tout à la fois un amoindrissement numérique de forces et un danger. — Enfin, cette existence du planteur qui lui fait la vie régulière, douce et environnée de toutes sortes de jouissances faciles à saisir, affectent plus ou moins la permanence et même le degré d'énergie des hommes libres de ces Etats du *Sud*, soumis d'ailleurs à une haute température.

Qui peut dire que l'exaspération des Etats du Nord ne proclamera pas subitement la liberté des esclaves, même au risque d'être les témoins des massacres, des incendies, des destructions de toutes sortes, et, de plus, personne ne pourrait affirmer que le territoire du Sud, couvert de sang et de ruines, ne serait pas confisqué au profit des vainqueurs, dont le besoin de terres libres, si réellement il se fait sentir, trouverait en même temps une première satisfaction.

Sans doute, de pareils massacres seraient un grand malheur dont l'humanité gémirait longtemps ; mais ne sait-on pas que quand tout un peuple est animé par le sentiment de la colère, il n'y a pas de bornes dans l'assouvissement de sa vengeance.

Les puissances de l'Europe souffriront-elles avec l'inertie de l'indifférence ces nombreuses hécatombes de citoyens offertes en sacrifices au génie des mauvaises passions ?

Cette insensibilité à la conservation d'un aussi grand nombre d'hommes serait peu favorable à entretenir la haute et juste opinion qu'on a des nations civilisées, dans la mission desquelles entre la protection de l'humanité, quelque part que ce soit !

Les nations de la vieille Europe ont, ce nous semble, le droit, mais assurément le devoir d'intervenir pour empêcher la reproduction sur la terre américaine des scènes horribles qui couvrirent du sang de tant d'hommes l'ile de Saint-Domingue en 1794.

L'émancipation, à cette époque, des esclaves, faite sans qu'il fût pris aucune mesure propre à prévenir et à comprimer les violences, fut le signal de cette affreuse boucherie qui, sans distinction d'âge ni de sexe, fit tomber les chefs blancs, les planteurs, sous le poignard et la hache qui les frappaient impitoyablement de mort, ou sous les ruines produites par les incendies allumés sur toute l'île, qui écrasaient des milliers de victimes, en même temps qu'ils anéantissaient par la destruction de nombreuses propriétés.

Ces horreurs sanglantes s'accomplissaient des mains d'esclaves exaltés par la subite jouissance de la liberté sans frein qu'ils venaient de recevoir, et par la vengeance aveuglément féroce, au point de massacrer les maîtres qui n'avaient pas mérité leurs plaintes et dont ils avaient même reçu de nombreux bienfaits!

Espérons que de semblables actes de barbarie ne se reproduiront pas à notre époque.

Les Etats du vieux monde, sous l'impression non effacée de ces saturnales de Saint-Domingue, que précédèrent et suivirent l'effusion de tant de sang, ont, par la diplomatie ou par tout autre moyen, la puissance de mettre obstacle pour que ne s'accomplissent pas de nouveau de pareilles atrocités, sur un autre point de l'Amérique, en 1862.

Assurément la volonté ne leur fera pas défaut; mais nous craignons des difficultés pratiques et qu'une exécution forcément tardive n'arrive pas assez tôt pour prévenir la catastrophe.

§ XII.

Il est bon que l'Europe se pénètre bien de cette vérité : c'est que l'esprit américain est resté ce qu'il était et conserve entièrement son unité de vues dans les vingt-quatre Etats du Nord demeurés fidèles au drapeau fédéral.

Nous avons rappelé sommairement, page première, la proposition d'acquérir Cuba et le vœu d'annexer toute l'Amérique méridionale qui ont été produits en plein Sénat, et, bien qu'elle ne fût pas exprimée, la pensée indubitable d'y joindre comme premier moyen d'union le vieux Mexique et l'Amérique Centrale, par lesquels il faut passer pour arriver dans le Sud.

Si ces faits s'accomplissaient, les conséquences seraient désastreuses pour l'Europe.

La marine marchande des Etats du Nord est nombreuse, et à partir de 1849 ou 1850, on observa que parmi les vaisseaux de commerce qui se faisaient, plusieurs avaient leurs membrures disposées de manière qu'une transformation en bâtiment de guerre pouvait s'opérer en moins de six semaines.

Les Américains sont admirablement favorisés par la nature, qui produit en abondance les bois, les métaux, les plantes textiles, en un mot tout ce qui est nécessaire, et même avec profusion, à la complète construction des vaisseaux.

Et, bien que la main-d'œuvre soit plus chère qu'en Europe, néanmoins le prix de revient d'un navire trois-mâts, qui coûte ici 130 ou 140 mille francs, n'occasionne aux Américains qu'une dépense de 95 à 100 mille francs environ.

Il est vrai, et, il faut le dire, que seulement les maîtresses pièces de la carène et les membrures sont en chêne; tout le reste, pour la plupart des coques, est en bois de sapin non saigné, ce qu'on nomme autrement bois rouge.

Il résulte de ce mode de construction que les navires américains sont, en général, de bons marcheurs.

Il a été introduit dans les constructions navales un autre moyen d'économie, et en même temps de plus prompte exécution, dont usent les Américains dans beaucoup de cas, c'est la substitution de la fonte de fer douce au fer forgé. Nous avons vu des steamers à vapeur où ils ont poussé cette application jusqu'aux arbres de couches, et, pour parer aux accidents, ils en ont trois ou quatre de rechange fondus sur le même modèle, et dont six leur coûtent moins ensemble qu'un seul en fer forgé.

Si généralement les Américains, en marine, ne sont pas des théoriciens de première force, on peut dire qu'en pratique leur caractère, audacieusement aventureux, en fait des marins dont l'intrépide hardiesse et le mépris des dangers ne le cèdent à aucun navigateur du monde.

Il n'est pas rare de rencontrer dans l'Atlantique, par un gros temps, qui commande à la prudence d'amener une partie des manœuvres, des trois-mâts américains qui gardent, non-seulement toutes leurs voiles déployées, mais encore qui ont mis dehors toutes leurs bonnettes; aussi ils marchent comme le vent, et on les voit passer avec la rapidité d'une flèche.

Les Américains, qui ont déjà une marine nombreuse, peuvent en avoir en peu de temps une qui deviendrait formidable, particulièrement dans les eaux du golfe du Mexique, de la mer des Antilles, des Océans Atlantique et Pacifique, en un mot, mais d'une manière moins pressante, sur toutes les mers du globe.

§ XIII.

Si on juge l'importance des considérations qui doivent préoccuper, à l'égard des Américains, les Etats de l'Europe, en raison des intérêts industriels et commerciaux des possessions que chacun d'eux doit défendre et protéger, c'est incontestablement en première ligne qu'est placée la Grande-Bretagne.

L'Angleterre possède dans les Antilles *dix* colonies, sans compter les Bermudes (1).

En *terre ferme*, la Guyane Anglaise, Balixe, dans la baie de Hunduras, — l'île de la Nouvelle-Ecosse, — l'île de Terre-Neuve, toute la Nouvelle-Bretagne, qui comprend, entre autres, le Labrador, le Canada, etc., etc.

La vaste étendue de la Nouvelle-Bretagne est séparée des Etats-Unis par la ligne qui part de la baie de Fundy, sur l'Atlantique, et qui va aboutir au détroit de Juan de Faca, sur le Pacifique, ce que nous avons déjà rappelé ailleurs à l'occasion des Etats-Unis *délimités*.

L'Angleterre a sous sa domination d'autres colonies qui sont dans l'Océan Pacifique, au nombre de sept (2) ; mais la Grande-Bretagne a bien d'autres points sur le globe où sont des possessions qui réclament et exigent même sa protection, ne fût-ce que le cap de Bonne-Espérance, l'Indoustan, la Nouvelle-Hollande, etc. Pour les connaître plus en détail, on trouvera à l'appendice placé à la fin de cette notice l'énumération nominative des possessions et stations anglaises, ainsi que celles de la France, de la Hollande, de l'Espagne, du Portugal, du Danemarck et de la Russie.

La France, qui est bien loin d'avoir hors de son territoire des

---

(1) 1° La Jamaïque ; 2° Saint-Christophe ; 3° la Dominique ; 4° Saint-Vincent ; 5° la Barbonde ; 6° Sainte-Lucie ; 7° la Barbade ; 8° Genada ; 9° Tabago, et 10° la Trinité — Les Bermudes sont en dehors des Antilles dans l'Atlantique.

(2) Les îles Sandwich, — Taïti, — l'archipel Pomathou, — l'île Gambier, — de Cook, — Pitcairn, — Marianne.

possessions coloniales aussi nombreuses que celles régies par la Grande-Bretagne, vient cependant, après celle-ci, prendre place en seconde ligne.

Les colonies de la France dans *les Antilles* sont :

La Guadeloupe, Marie-Galande et la Martinique.

En terre ferme, la Guyane Française, côté est de l'Amérique du Sud.

Les îles de Saint-Pierre et Miquelon, golfe de Saint-Laurent, Océan Atlantique.

Dans l'Océan Pacifique, les îles Marquises.

En consultant l'appendice, on verra les autres points du globe où la France doit porter sa sollicitude protectrice.

L'Espagne ne possède que son île de Cuba dans les Antilles, mais pour elle d'une grande valeur.

La Hollande, l'île de Curaçao, dans la même mer.

Ces deux Etats n'ont aucune colonie dans le Pacifique. On verra par l'appendice que d'assez grands intérêts ailleurs appellent leur attention, ainsi que celle du Portugal et un peu du Danemarck.

La Russie a une grande étendue de territoire dans l'Amérique du Nord et ses îles Aléontiennes sur le Pacifique.

Tout ce territoire, y compris les îles, a une température peu favorable aux productions de la nature.

§ XIV.

Qu'on admette que la marine fédérale américaine soit devenue assez forte pour commander dans les eaux du golfe du Mexique, de la mer des Antilles, et sur toute la ligne des côtes qui bordent l'Atlantique, puis dans les eaux du Pacifique et tout le long du littoral de ce côté.

Si la chose n'est pas absolument probable, à coup sûr elle n'est pas impossible ; car la marine américaine rivalise déjà ou à peu près, pour les navires de commerce, avec celle de la Grande-Bretagne ; d'ailleurs, une transformation rapide peut être faite de ses navires marchands en bâtiments de guerre. — Puis les matières premières de toutes sortes que produit le sol, — les moyens économiques de construction qui, en outre, sont relativement plus prompts, — les ouvriers habiles, et qui vont vite, dont l'insuffisance au besoin se recruterait dans les populations de l'Union, bien connues pour leur aptitude aux ouvrages qui exigent de l'adresse de main.

Toutes ces circonstances si favorables ne permettraient-elles pas aux Etats-Unis d'augmenter promptement le nombre de leurs vaisseaux et de le porter à la hauteur de leurs besoins ?

Qu'on se figure les Américains maîtres de l'Amérique centrale et de l'Amérique méridionale.

Cette hypothèse n'est pas gratuite.

Elle serait la conséquence accomplie du vœu exprimé en plein Sénat, à peine y a-t-il deux ans, et qui a été environné de vives et nombreuses sympathies.

En vérité, on ne découvre pas ce qui pourrait, dans l'état actuel des gouvernements de ces Républiques, s'opposer à la réalisation de ce vœu par une armée de six cent mille hommes, comme les Etats fédérés peuvent en mettre une sur pied et plus nombreuse encore.

L'envahissement s'accomplirait ; car ces Républiques, sans force dans leur isolement, et chacune d'elles sans cesse déchirée de ses propres mains, sont continuellement ébranlées, puisque dès qu'une faction tombe d'un côté, il s'en élève aussitôt une nouvelle d'un autre. Cette mobilité de l'esprit répandue sur ces vastes et riches contrées, cette inconstance passée à l'état chronique, présentent des populations sans agrégation, qui se disperseraient devant les conquérants et dont bon nombre peut-être bien passerait sous le drapeau fédéral ; mais dans tous les cas n'offriraient point une résistance qui pût sérieusement faire obstacle à sa marche triomphante.

Mais faut-il une bien grande force matérielle armée pour soumettre les populations répandues sur cette immense surface de l'Amérique centrale et de l'Amérique du Sud ?

Ces populations se composent, on le sait, pour la majorité, de métis provenant du croisement de la race espagnole avec la race indienne.

La souche espagnole implantée sur ce sol par les Cortez, les Pizarre et tant d'autres dont l'audacieuse intelligence, l'intrépidité, le courage et la patience résignée aux plus grands dangers comme aux plus rudes fatigues, sont les traits distinctifs de leur caractère.

La souche indienne, croissant sur sa terre natale, *accoutumée* à l'abondance que donne la fertilité, y trouvant la vie commode, obtenue pour ainsi dire sans travail, sans fatigues, vivant dans l'indolence que fait naître un climat dont l'action énervante invite au repos, tout cela était pour ces Indiens le suprême bonheur passé chez eux à l'état habituel.

De ces deux souches sont sortis des rejetons qui forment aujourd'hui les *hybrides*, qui peuplent les Républiques sous la domination desquelles sont placées ces beaux et riches pays.

Dans le caractère des populations, les instincts primordiaux des deux races se retrouvent à certain degré aussi bien dans le calme que dans la lutte ; mais ils ne peuvent s'entendre d'une manière durable, soit durant la guerre, soit durant la paix.

Aussi, ces pays sont-ils sans cesse divisés par l'anarchie, agités par des révolutions qui les laissent aussi peu avancés après qu'ils l'étaient avant.

Comme les hommes considérés isolément, les peuples en décadence mettent de même le mot à la place de la chose ; ils se font illusion et s'en contentent un instant ; puis recommencent de nouveau à chercher la réalité, que le mot seul n'a pu leur donner.

Ce n'est pas que ces contrées, si heureusement partagées du côté de la température, de l'abondance et de la richesse des productions naturelles, manquent d'hommes intelligents, doués même de capacités remarquables.

Les Miramon, les Santa-Anna, les Bolivar, les Mariana — Ospino,— les Mosquera, les Juarrez et beaucoup d'autres, dans lesquels entrent les représentants officiels de ces pays en Europe, sont la preuve évidente que ce sol si souvent agité peut produire des organisations que distinguent éminemment leurs facultés, et chez lesquels on retrouve la virilité du sang des conquérants espagnols.

Le défaut d'harmonie plus ou moins prononcé chez le peuple de chacune de ces Républiques est la cause de leur faiblesse.

Chez les Américains, c'est la présence permanente, vivace, de l'unité de vues qui a fondé leur force et entretenu leur puissance.

Les hommes de ces Républiques appartenant à la classe distinguée de la société sont sobres ; le peuple proprement dit, au contraire, est adonné à l'usage du wisky et du bendy avec passion, et la plupart en fait, quand cela se peut, un abus si immodéré, que ces funestes liqueurs alcooliques déterminent l'abrutissement.

Ces peuples, dans leur état normal, sont doux, mais, surexcités, ils deviennent furieux pour un instant, et bientôt retombent dans l'atonie et reprennent leur caractère habituel d'indolence et indifférence.

Les Américains connaissent parfaitement toutes ces circonstances et savent combien elles sont favorables à l'accomplissement de leurs désirs, qu'a portés à la connaissance de l'Europe la manifestation qui en a été faite au sein du Sénat fédéral.

§ XV.

L'Amérique centrale et l'Amérique méridionale passant sous la domination américaine, il est certain que les côtes Est et Ouest présenteraient des barrières que l'élévation des droits de douanes rendrait infranchissables à l'importation de marchandises venant d'Europe qui pourraient faire concurrence à celles produites par l'industrie américaine.

Si les Américains n'ont à surmonter que les seules difficultés qui résident dans l'état actuel des Républiques dont nous venons de parler, rien ne peut empêcher leur annexion au domaine fédéral.

Mais l'Europe laissera-t-elle accomplir cette ambitieuse conquête ?

S'opposera-t-elle à ce que le drapeau fédéral dicte la loi sur cette vaste étendue du continent des Amériques ?

Et les nations du Vieux Monde souffriront-elles tranquillement que la marine américaine commande dans le Nouveau sur les eaux du golfe Mexicain, de la mer des Antilles et du Pacifique ?

La réponse des hommes d'Etat de l'Europe à cet égard ne permet pas le plus léger doute sur sa nature.

§ XVI.

La marine anglaise, par ses navires marchands, est aussi nombreuse pour faire le commerce que puissante par ses vaisseaux armés pour soutenir la guerre.

Mais ne peut-on pas demander si elle trouvera dans ses colonies des Antilles, dans celles du Pacifique, des ports d'une étendue capable de contenir assez de vaisseaux de guerre pouvant protéger suffisamment ses colonies et en même temps arrêter, empêcher les entreprises de la marine militaire américaine contre la fraction des trente-deux mille navires marchands anglais (1) qui parcourent les eaux dont nous parlons, alors

---

(1) Angleterre (proprement dite) 21,007;—Ecosse 3,486;—Irlande 2,271;—Guernesey, Jersey et l'Iledemann 899;—Possessions anglaises 10,838;—Total 38,501;—Jaugeant ensemble 5,710,968 tonneaux; —Total des équipages 294,460 marins. (*Opinion Nationale*, janvier 1862.)

qu'il faudra tout à la fois que la Grande-Bretagne repousse les attaques des Américains, dirigées sur ses autres bâtiments qui sillonnent sans cesse toutes les autres mers du globe?

On peut douter que les ports des colonies dont il s'agit aient même tous ensemble une capacité assez grande pour recevoir les vaisseaux armés de la Grande-Bretagne, en nombre capable de satisfaire aux exigences de la guerre, si elle éclate entre cette puissance et les Etat-Unis, dont les forces concentrées de ces derniers dans leurs nombreux ports peuvent agir subitement et réparer aussitôt les avaries éprouvées.

On est surpris que le gouvernement anglais, toujours si attentif et souvent heureux pour parer aux dangers d'éventualités qui peuvent menacer son commerce, n'ait pas songé à s'assurer un point sur la côte des Antilles où il aurait créé une position militaire et maritime servant au besoin à réunir des forces capables de protéger d'une manière efficace les intérêts considérables qu'il doit sauvegarder dans les eaux de cette mer.

§ XVII.

La marine marchande française s'est accrue depuis dix ans dans des proportions considérables, et sa marine de guerre présente une force suffisante pour faire respecter son pavillon sur toutes les mers.

Aucun fait d'hostilité de la part des Etat-Unis n'a point jusqu'à présent été ni tenté ni accompli à son égard, et on peut croire que les Américains, qui conservent un souvenir bien senti du concours qu'ils ont reçu de la France pour accomplir leur émancipation en 1776, seront portés à respecter son pavillon et éviter tout ce qui pourrait donner lieu au gouvernement français de former de justes plaintes contre celui de Washington.

L'Angleterre a reçu la satisfaction qu'elle a demandée de l'insulte qu'elle reconnaissait lui avoir été faite par les Etats du Nord, qui ont méconnu son pavillon dans l'affaire du *Trent*; aujourd'hui elle ne paraît pas être satisfaite ; une émotion belliqueuse nouvelle semble remuer les esprits et les porter à la guerre. L'Angleterre n'a pas à articuler de griefs contre le Nord autre que l'empierrement du principal chenal du port de Charlestown ; ce fait est sans doute blâmable, et des représentations par la voie diplomatique peuvent bien être faites pour exprimer le regret qu'il cause ; mais voilà tout.

La guerre n'accomplit-elle pas toujours des actes bien autrement regrettables pour l'humanité, car ces milliers d'hommes que la mort frappe sur le champ de bataille, ces monuments des arts dont la destruction est souvent irréparable, et bien d'autres choses regrettables. Tout cela se fait, et malheureusement ces actes de destruction sont passés dans le droit des belligérants, aussi bien que de brûler à l'ennemi ses vaisseaux, bombarder ses ports et les détruire.

Est-ce que quand la guerre se fait on n'accomplit pas tous les genres de destruction propres à l'affaiblissement de l'adversaire qu'on veut vaincre?

Que l'Angleterre ouvre les pages de sa propre histoire ; les sentiments qu'elle manifeste aujourd'hui pour le port de Charlestown la feront pâlir en lisant les lignes qui retracent les faits, que la colère, la vengeance et ses intérêts politiques lui ont dictés dans d'autres temps!

Il y a des actes sur lesquels toutes les nations civilisées sont d'accord pour les stigmatiser, même quand ils s'accomplissent durant les guerres les plus acharnées, parce qu'ils revêtent un caractère qui inspire l'horreur et fait frémir l'âme d'indignation.

C'est la trahison ;

C'est le massacre d'ennemis désarmés ;

C'est l'empoisonnement des eaux et des aliments de l'ennemi qu'on combat ;

C'est la mort lente par la faim des prisonniers qu'on a faits ;

C'est, dans le sac d'une ville, l'exécution au fil de l'épée de ses habitants et des soldats qui l'ont défendue ;

Mais l'ensablement d'un port ennemi! Le gouvernement anglais, si sérieux d'habitude, agirait contre son caractère de faire un crime impardonnable aux Etats du Nord d'avoir temporairement bouché à leur ennemi le port de Charlestown.

Si l'Angleterre déclare la guerre aux États du Nord, c'est quelle aura quelqu'autre raison que le port dont nous venons de parler, ou si elle accomplit quelques actes qui forcent ceux-ci à la lui faire.

Il nous semble que la France est restée parfaitement étrangère aux causes qui auront donné lieu aux hostilités, de quelque côté qu'elles commencent, et que sa dignité lui permet à bon droit de garder *une entière neutralité*.

Mais la prudence du gouvernement français, qui s'inspire aux sources d'une vive lumière et d'une grande sagesse, ne manquera pas de prendre toutes les mesures préventives pour éviter les dommages que pourraient causer à la France et à ses citoyens les belligérants.

§ XVIII.

On peut, à l'égard des quatre colonies françaises des Antilles et de celle du Pacifique, dire également que les ports de la Martinique, de la Guadeloupe et de Marie-Galande, de Cayenne et des Marquises, ne présentent pas même, leurs surfaces réunies, une étendue capable d'y admettre des navires marchands et tout à la fois des vaisseaux de guerre en nombre suffisant, si la guerre éclate et que la France eût à la soutenir.

Le port large et commode de Cayenne est un port fort utile à la marine marchande, mais sa capacité ne permet d'y recevoir qu'un bien petit nombre de vaisseaux de guerre.

La régénération de la marine française de guerre, qui n'a commencé qu'il y a dix ans tout au plus, bien qu'elle ait grandi miraculeusement sous le régime impérial, et qu'elle ait repris aujourd'hui le rang qu'elle n'aurait jamais dû perdre, n'a pas éprouvé la nécessité de ports plus vastes, et le besoin ne s'était pas fait sentir pour la France d'en avoir jusqu'alors de plus étendus.

De sorte que la France ne possède point non plus sur les côtes qui bordent la mer des Antilles d'établissement pouvant recevoir une flotte et des forces de tous genres, capables de protéger complétement son commerce dans les eaux des Antilles et de faire respecter son pavillon sur cette mer en cas où elle aurait à faire la guerre comme il convient qu'il le soit.

Mais les moyens à cette fin viendraient pour sûr en temps utile y pourvoir convenablement.

§ XIX.

Pourquoi la France ferait-elle la guerre aux Etats du Nord, qui combattent pour recouvrer ce qui leur échappe ?

Serait-ce pour suivre la Grande-Bretagne dans la voie où elle veut entrer, poussée par des raisons qui lui sont particulières, et peut-être bien un peu par le vieux levain qui, fermentant de nouveau, réveillerait le souvenir d'avoir été expulsée des possessions qu'occupent maintenant les Américains ?

Mais les Américains eux-mêmes ne retrouveraient-ils pas

la mémoire de leurs anciens griefs contre la métropole anglaise qui les avait opprimés ?

Qu'on lise les considérants qui détaillent les motifs des légitimes plaintes qui les portèrent à se séparer de l'Angleterre, et qui sont énoncées comme préambule de la déclaration du 4 juillet 1776, proclamant l'émancipation.

On verra qu'à cette époque la France ne leur prêta pas son aide sans y être portée par les plus justes et généreuses émotions que font naître les souffrances ressenties par tout un peuple et dont les accents douloureux étaient trop bien justifiés dans les nombreux actes de tyrannie exercés impitoyablement par l'Angleterre sur ses sujets d'Amérique, qui ne pouvaient et ne voulaient plus les endurer.

Le gouvernement de la Grande-Bretagne aujourd'hui doit oublier, de même que les autres nations, les faits appartenant au passé.

Serait-ce que la Grande-Bretagne trouvât un motif suffisant d'engager la guerre, afin d'ouvrir les ports du Sud au commerce du coton.

Que cette matière première soit absolument nécessaire à la population ouvrière de ses colossales fabriques, qui pourrait, par le chômage, beacoup souffrir et causer au gouvernement anglais de sérieuses difficultés et amener pour conséquence de graves dangers.

Tout cela ne regarde la France que dans certaines limites, sans nul doute du côté du regret qu'elle aurait de voir un voisin allié dans l'embarras.

La querelle qui peut naître entre l'Angleterre et les Etats du Nord nous semblerait être les conséquences de causes qui ne touchent pas directement la France.

Que la Grande-Bretagne ait regardé tranquillement l'arme au bras, sans faire un mouvement en faveur de la France quand celle-ci assuma sur la nation les suites des déterminations que la générosité et la justice commandaient à l'honneur français, et qu'ont appuyés de leurs sympathies les peuples qui revendiquaient leur nationalité, l'Angleterre était dans son droit de rester immuable, impassible, attendant le résultat des événements.

La Grande-Bretagne a regardé froidement nos armes engagées dans une lutte avec une grande puissance. Si on n'a pas positivement à lui reprocher d'avoir encouragé celle-ci dans son entreprise, on peut affirmer qu'elle a paru, pour ce qui concerne la France, rester parfaitement indifférente au résultat.

Nous ne voulons point rappeler d'autres faits qui prouvent que l'Angleterre, dans plusieurs circonstances, a été peu favorable par son esprit d'opposition à la France; mais que souvent même elle est venue paralyser l'effet de ses vues généreuses.

Pourquoi donc ne laisserions-nous pas l'Angleterre suivre ses évolutions à l'égard des Etats-Unis l'arme au bras, comme elle nous en a donné l'exemple, sans y prendre une part directe et sans concourir par l'adjonction de nos forces à celles de la Grande-Bretagne aux décisions qu'elle se propose d'obtenir à son point de vue?

Ce n'est pas par défaut de sympathie pour la nation anglaise, mais tout simplement pour observer cette prudente réserve que son gouvernement nous aurait apprise, si celui de France n'était pas habituellement guidé par de sages déterminations.

Tant qu'un sentiment de généreuse pitié pour l'espèce humaine ne remuera pas les entrailles de la France et que sa dignité, son honneur ou les droits de ses citoyens ne seront pas atteints, nous croyons qu'elle restera en repos et laissera faire nos voisins dans les mouvements que l'intéret, qui perce toujours un peu exclusif et qui les guide et les touche dans les circonstances actuelles, pourra leur faire entreprendre.

Si l'Angleterre, qui consomme dans ses superbes et vastes usines sept ou huit fois plus de coton que nous, a besoin pour s'en procurer, et que d'autres considérations s'y joignent pour la déterminer à faire la guerre afin d'obtenir les satisfactions qu'elle veut, c'est une détermination qui la regarde seule et qui n'offre point, ni dans la cause qui lui donne naissance, ni dans l'espèce, le caractère d'un intérêt quelconque général.— C'est donc la Grande-Bretagne qui doit assumer sur elle seule la responsabilité, parce que tout cela la regarde.

Mais qu'elle indique à la France un but à atteindre dans l'intérêt d'une grande et généreuse idée dont l'accomplissement ferait avancer la civilisation et donnerait du repos et du bien-être à un peuple, la France et ses enfants seront fiers de marcher avec l'Angleterre et ses vaillants soldats pour faire triompher les nobles causes de ce genre.

§ XX.

La France, sans faire la guerre, peut, ce nous semble, se procurer tout le coton dont ses fabriques ont besoin pour leur entretien, qui n'exige guère, répétons-le, que le septième ou le huitième de la quantité nécessaire au même objet en Angleterre.

Ses colonies lui en fourniront un certain nombre de balles.

Elle peut en recevoir quelque quantité des Indes-Orientales (de Chandernagor,—Mahé,—Karikal, –Pondichéry, qui sont des possessions à elle).

Dans le cas où les Etats du Sud subsisteraient comme producteurs du coton, ces Etats ne se refuseraient pas à lui fournir le complément dont elle aurait besoin.

Et nous ne croyons pas que les Etats du Nord s'y opposassent et que la Grande-Bretagne voulût prendre sur elle la responsabilité d'y mettre obstacle.

§ XXI.

Quelle que soit la manière dont se résolve le conflit qui est en train de se vider actuellement entre les Etats Nord et les Etats Sud Amérique, indubitablement la question de l'esclavage viendra, en dernière analyse, occuper une place en première ligne dans l'esprit américain et dans l'opinion de l'Europe.

Les hommes d'Etat du Nouveau-Monde, comme ceux de l'Ancien, sentiront, des deux côtés à la fois, la nécessité d'une solution définitive.

Que ce soit au point de vue de la production, que ce soit au point de vue de la pitié et de la dignité humaine.

Si les Etats du Nord, dans leur colère, déclarent inopinément l'abrogation de l'esclavage, qu'ils ne pourraient, dans l'état des choses entre les belligérants, le voulussent-ils, réglementer par des mesures préservatrices, les propriétés du Sud seront bouleversées, les planteurs massacrés, et les esclaves, devenus libres, de toutes parts dispersés.

Le sol couvert de ruines, privé de bras pour le remuer, ne produira plus rien.

Le coton, le sucre, le café, etc., etc., ne sortiront plus de cette terre, jadis riche et si féconde ; elle sera de nouveau livrée à la stérilité.

Si quelque chose cependant est propre à rassurer un peu à cet égard, c'est la réserve, jusqu'alors, du gouvernement de Washington à l'endroit de l'esclavage, et l'intérêt qu'ont les Etats du Nord à ne pas détruire, dans les Etats du Sud, l'instrument du travail qui leur fournit une forte part des matières premières dont ils ont besoin pour leurs fabriques.

Dans le cas où l'Angleterre reconnaîtrait simplement les Etats du Sud sans les stipulations qu'elle peut très-bien faire relatives à l'esclavage, il reste ce qu'il est actuellement, et la Grande-Bretagne donne un démenti aux principes qu'elle a posés et soutenus avec tant de zèle et de chaleur en 1842, que ses efforts firent prévaloir chez la plupart des nations qui les ont adoptés et suivis ; car la traite des noirs fut défendue, poursuivie et confisquée.

Mais la Grande-Bretagne, en reconnaissant les Etats du Sud, ne pourrait-elle pas poser comme clause *sine qua non* l'émancipation immédiate, mais conditionnelle, des esclaves ?

Et prescrire la condition que l'esclave émancipé souscrirait, à l'égard du planteur, un contrat *à temps* par lequel il s'engagerait à fournir son travail *d'homme libre* à un prix déterminé par le contrat, durant un *nombre d'années* qui y serait également énoncé ?

Le Gouvernement anglais, avons-nous dit page 13, s'en serait bien trouvé dans ses colonies des Antilles, quand il fit passer par les planteurs, avec les esclaves auxquels il donnait en 1842 la liberté, des marchés renfermant des conditions analogues à celles que nous venons d'indiquer.

On peut admettre qu'à l'expiration des contrats avec les émancipés, les planteurs du Sud auraient eu le temps de se procurer d'autres bras pour cultiver leur sol.

Rien d'ailleurs ne s'oppose à croire qu'un certain nombre de ceux dont le contrat finirait ne le renouvelassent.

On peut également penser que si le nombre de bras était insuffisant, il serait possible de faire des engagements du même genre avec des noirs sortis de Guinée, de Zanguebar, ou avec des coolis venant de Chine, qui ne demanderaient pas mieux, et qui sont de bons travailleurs sous l'action d'une haute température, permettant cependant à ces hommes, aussi bien qu'aux noirs, d'en supporter les effets, tout en se livrant avec activité au travail ; tandis que les hommes sortis des zones tempérées y succombent.

En admettant que ces bases, pour arriver à l'émancipation

des noirs et autres esclaves, fussent acceptées, tout ne serait pas dit.

Le côté de la question qui a trait au prix des esclaves affranchis est très-sérieux, puisque pour les planteurs il représente une somme déboursée ou la valeur d'une propriété, bien qu'il soit indigne de faire d'un homme une marchandise ; néanmoins, il ne nous paraît pas juste que les planteurs perdissent la valeur vénale ayant cours avant l'émancipation au moment où l'esclave recevrait la liberté.

Si l'on peut porter la moyenne du prix à 4,000 francs et qu'il y ait dans les Etats du Sud seulement trois millions d'esclaves, ce serait l'énorme somme de douze milliards qui serait retranchée de la fortune des planteurs s'ils n'en étaient pas remboursés.

C'est ici que se dresse une grande difficulté, heureusement plus apparente que réelle.

Ne perdons pas de vue que c'est celui, dans les souffrances de l'esclavage, qui a le plus grand intérêt à ce qu'il soit supprimé.

Que d'ailleurs, l'esclave, en recevant la liberté, se trouvera heureux de l'obtenir au sacrifice d'une part prise sur le salaire de son travail comme homme libre.

Si cette proposition avait besoin pour acquérir un caractère pratique de la citation d'exemples, les faits qui la confirment sont nombreux.

Dans l'île de Cuba, nous avons vu et d'autres ont rencontré là et ailleurs des noirs, bien qu'ils n'eussent pas de salaire fixe, mais qui étaient autorisés par les maîtres à sucre ou les planteurs à élever des cochons, des volailles, et à faire d'autres petits profits pour leur compte propres à amasser un capital suffisant au prix de leur libération, néanmoins, sans que leurs épargnes portassent des intérêts dont l'accumulation dans une suite de quelques années eût rendu plus facile la réalisation du chiffre qui était nécessaire pour opérer leur rachat.

Ces faits, qui sont bien connus, proviennent de moyens dont le caractère rationnel ne permet pas de nier l'efficacité, et l'on ne peut pas mettre en doute qu'une modique retenue, relativement au but, faite sur les salaires des affranchis du Sud américain, ne produisît des résultats plus certains, plus réguliers et plus prompts, puisqu'un contrat ferme, obligatoire, serait la base constante du moyen employé dont il s'agit.

Le prix le plus bas de la journée de travail se paie aux Etats-Unis 1 dollar, soit 5 fr. 42 c.

En déduisant les dimanches, qui sont des jours, aux Etats-Unis, consacrés au repos, il en resterait trois cent onze de travail au prix de 5 fr. 42 c., donnant pour le salaire de l'affranchi, durant le cours d'une année, la somme totale de 1,685 fr. 62 c.

Si le contrat d'engagement à temps est d'une durée de dix ans, ce qui nous paraît raisonnable et possible, et que le prix qu'aurait à rembourser l'affranchi soit de 4,000 fr., il lui serait retenu sur ses salaires annuels 400 fr., ce qui réduirait la somme de 1,685 fr. 62 c. à celle de 1,285 fr. 62 c.

Il faut observer que les esclaves sont habitués à la sobriété, et que, d'ailleurs, leurs vêtements, attendu la température élevée, sont à peu près nuls; qu'ils n'ont besoin de feu que pour cuire les aliments, que l'éclairage est insignifiant, qu'ils ont l'usage de laver leur linge eux-mêmes, et peuvent se servir à cet effet de certaines écorces savonneuses à très-bon marché. Enfin, que leur logement pourrait avoir lieu sur l'habitation.

Il résultera de toutes ces considérations réunies qu'il n'y a pas d'illusion à croire que les 1,285 fr. 62 c. qui restent et appartiennent à l'affranchi peuvent très-bien faire face aux choses que nécessitent les besoins matériels de la vie, — et joignez-y cette considération que dans le nombre des affranchis on ne peut pas douter qu'il y en aura beaucoup dont l'industrie, durant les heures libres, ajouteront par leur activité des produits qui accroîtront sensiblement la somme de 1,285 fr. 62 c., dont nous venons d'établir le chiffre.

L'abolition de l'esclavage dans le Sud américain, opérée dans les formes énoncées sommairement ci-dessus, mettrait la Grande-Bretagne, dans cette circonstance, d'accord avec les principes qu'elle a posés en 1842, et l'Europe civilisée se réjouirait d'un résultat qui rendrait à un aussi grand nombre d'êtres leur dignité d'hommes et leur liberté, après laquelle ils soupiraient depuis si longtemps.

Les planteurs eux-mêmes trouveraient dans la mesure suivie pour la libération de leurs esclaves un moyen d'infaillibilité efficace restant dans les mains du maître pour retrouver, en dix ans, *le prix* de l'affranchi auquel il donnerait la liberté.

Nous ne prétendons pas que ce nouvel ordre de choses ne restreindrait point l'action illimitée que le planteur avait sur l'instrument du travail qui fertilisait son sol et qu'il ne regretterait pas quelque peu des habitudes de pouvoir absolu, toujours si douces pour ceux qui les exercent, si pénibles pour ceux qui les ressentent; mais si des regrets de ce genre se produisent chez les planteurs, ils trouveront assurément dans la propre estime d'eux-mêmes des sentiments propres à les combattre, à les effacer ; car ils reconnaîtront qu'il est plus digne, plus honorable pour un cœur bien placé de commander à des hommes libres plutôt qu'à des êtres qu'a dégradés la servitude et qu'un long esclavage plonge dans l'abrutissement.

La reconnaissance des Etats du Sud par l'Angleterre lui rouvrirait le marché du coton nécessaire à ses usines, et cette reconnaissance lui aurait en même temps fourni l'occasion bien satisfaisante pour elle d'avoir efficacement favorisé et concouru à l'émancipation des esclaves dans les Etats dont il s'agit

Ces résultats seraient en même temps heureux pour les usines de la Grande-Bretagne et glorifieraient les sentiments d'humanité qui les auraient produits.

§ XXII.

Si l'affranchissement des esclaves, opéré comme il vient d'être dit, ne blessait pas les Etats du Nord, il n'est guère possible d'admettre qu'ils ne fussent point irrités de la reconnaissance que le gouvernement anglais aurait faite de l'indépendance des Etats du Sud, qui sont considérés par les Etats du Nord comme des sujets révoltés qu'il faut à tout prix faire rentrer dans l'Union fédérale américaine.

En fût-il ainsi, la guerre se continuerait avec un nouveau déploiement de forces et d'efforts de part et d'autre; mais assurément, malgré les avantages fortuits qu'il pourra remporter, le Sud serait écrasé s'il continuait la lutte avec ses seuls moyens.

Et alors même que l'Angleterre interviendrait par ses soldats, on peut croire encore que le Sud finirait par succomber.

Les Etats qui proclamèrent l'indépendance américaine en 1776 étaient, avons-nous vu, au nombre de treize seulement et ne reçurent numériquement que de faibles secours étrangers.

Cependant, ils ont résisté aux armes de l'Angleterre, pourvue de tous les objets en abondance nécessaires pour faire la guerre avec succès, tandis que les treize Etats, qui avaient à la soutenir contre la mère-patrie dont ils se détachaient, manquaient d'une infinité de choses dont l'absence semblait diminuer les chances heureuses des combats en leur faveur.

La Grande-Bretagne n'en a pas moins été obligée d'abandonner le terrain et de laisser tranquilles ses anciens sujets, qui constituèrent solidement leur liberté.

C'est sur le sol arrosé du sang anglais et de celui de ces opiniâtres, mais vaillants lutteurs, que le spectacle en a été donné au monde, aussi imposant en Amérique que plus tard ailleurs, d'hommes qui méprisent la mort, combattent avec intrépédité et veulent, au prix des plus grands sacrifices, conquérir leur indépendance!

L'Angleterre certainement se souvient encore du courage des héros américains, dont les efforts obligèrent ses braves soldats de lâcher pied et de leur laisser le terrain libre.

Aujourd'hui, ce n'est pas treize Etats, ce sont vingt-quatre que compte la Fédération américaine, pourvue d'armes et de toutes les ressources nécessaires et même surabondantes pour mettre sur terre une grande armée en mouvement et sur mer une marine considérable montée par des hommes, soldats et marins, qui voient devant eux tous les grades et dont la force physique entretient l'élan qui caractérise particulièrement les populations des Etats fédérés, et qui donne cet entrain si propre dans la guerre à procurer des avantages, quand pour eux le pacte social est en cause.

Il est vrai que les rangs de la Grande-Bretagne seraient grossis de ceux des dix Etats du Sud.

Mais l'Angleterre néanmoins ne se trouverait pas dans des conditions plus favorables qu'en 1776; l'équilibre dans les forces des Etats du Nord est rétabli; vingt-quatre Etats au lieu de treize que la Fédération avait seulement alors lui sont acquis pour combattre l'Angleterre.

Les Etats du Nord sont même dans une situation plus avantageuse qu'ils n'étaient à cette époque, car ils ont maintenant une marine considérable, n'existant pas alors, qui ne manquerait point de donner la chasse aux nombreux vaisseaux de la Grande-Bretagne, répandus sur toutes les mers où son riche commerce souffrirait des attaques incessantes qui compromettraient gravement les riches cargaisons qui, avant d'avoir atteint les ports de la métropole, pourraient bien passer, en certain nombre, dans les mains des coureurs de mer américains et entrer dans leurs ports.

Ce ne sont pas de simples hypothèses, mais des faits très-possibles dont la Grande-Bretagne est la meilleure appréciatrice et la mieux éclairée pour juger s'ils peuvent se réaliser, aussi bien que de peser la valeur qu'aurait pour elle leur accomplissement.

Les hommes d'Etat du gouvernement anglais ne sont pas gens à s'intimider, quoiqu'il leur soit arrivé quelquefois de vouloir laisser croire qu'ils avaient peur d'une chimère.

S'ils ne font pas la guerre aux Etats-Unis, ce ne sera pas la crainte qui les arrêtera, personne n'en doute.

Mais ce sera leur bon esprit qui les retiendra, et, ne fût-ce que cette généreuse pensée de ne pas répandre des torrents de sang pour résoudre une difficulté qui peut s'aplanir par les voies plus douces et plus humaines de la diplomatie officieuse ou officielle, la Grande-Bretagne, espérons-nous, n'engagera pas dans le Nouveau-Monde, avant d'avoir épuisé tous les moyens de conciliation, une guerre qui aurait, quelles qu'en fussent la durée et l'issue, un rejaillissement fâcheux pour l'ancien Continent, même des conséquences qui pourraient compliquer davantage encore les embarras de la vieille Europe déjà si pleine de dangers.

Si l'Angleterre a absolument besoin de coton, ne peut-elle pas, sans avoir recours à la guerre, en faire sortir des Etats du Sud par le Mexique, qui a sur ses côtes plusieurs ports débouchant sur le golfe, entre autres Laguna de Madré, Tampico et la Vera-Cruz.

§ XXIII.

Ce qui paraît aussi convenable pour les intérêts de l'Europe que juste à l'égard des Américains, c'est de leur laisser terminer eux-mêmes, comme ils l'entendront ou qu'il leur sera possible, la guerre civile qui désole en ce moment ce riche pays.

Si les Américains n'avaient pas donné la preuve d'une remarquable sagacité pour fonder leur gouvernement, d'une constance persévérante et d'une grande prudence pour en assurer le fonctionnement régulier, maintenir son intégrité non interrompue durant plus de quatre-vingts ans, on pourrait croire que les rouages des pouvoirs, chez eux, auraient été mal conçus, et qu'une mauvaise combinaison, une base assise sur le sable n'en permettraient pas la durée; que des agitations intestines sans cesse renouvelées, sans cesse décimant leur population et compromettant les propriétés et les personnes des étrangers, il faudrait, par une pensée d'équité, un sentiment d'humanité et tout à la fois par le besoin de protection qui doit être accordé pour faire respecter le droit des gens méconnu, violé, comme cela a eu lieu au Mexique, où les nations civilisées portent avec raison leur autorité pour y rétablir l'ordre, poser les bases d'un gouvernement qui puisse avoir de la consistance et de la force, comme tout gouvernement que le vote universel du peuple aura fondé.

Mais il n'en est pas ainsi à l'égard des Etats-Unis.

Plus de quatre-vingts ans, disons-nous, se sont écoulés depuis la fondation de leur gouvernement.

Durant cette longue période, il a fait produire des surfaces immenses de son riche territoire; il a développé toutes les branches de sa richesse, il a fondé des établissements industriels de tout genre, une marine marchande considérable, qui exporte les produits de son sol et de ses usines dans toutes les contrées du monde; il a porté la civilisation dans les coins les plus reculés d'un pays qu'il a trouvé aux trois quarts sauvage à l'origine; il a donné le bien-être à une population qui s'est accrue successivement au chiffre de trente millions environ, qu'elle offre aujourd'hui.

Tous ces faits sont des titres qui classent les Etats-Unis au rang qu'occupe une grande nation, et en même temps qui doivent rassurer l'Europe à l'égard des agitations tout accidentelles et qui seront de courte durée; car le gouvernement de Washington, qui est ferme et hardi, saura bien dans peu rétablir l'ordre, le consolider de nouveau et reprendre toute son autorité fédérale pour qu'elle s'exerce comme par le passé, longtemps et sans troubles. Un gouvernement qui repose, comme celui de Washington, sur la large base que lui donne l'assentiment de tout un peuple est fort sur le terrain où il a pris naissance, bien qu'il soit plus que douteux qu'il eût le même succès *ailleurs;* toujours est-il qu'il fonctionne à merveille par le mécanisme heureusement combiné de pouvoirs dont la pondération réciproque maintient toujours un exact équilibre entre les attributions législatives et celles exécutives, et qu'il présente une unité de forces si puissantes pour protéger et conserver intact le pacte social, que la minorité dissidente qui voudrait le renverser, quelles que soient ses ruses habiles, ses moyens, verra les efforts faits par elle se briser contre les fondements inébranlables d'un pareil gouvernement.

Elle sera dispersée, cette fraction turbulente, comme le sont les vagues frappant une masse de granit qui s'appuie sur la permanente solidarité qu'ont entre eux les éléments du globe.

L'insuccès et même la réussite dans les expériences de la guerre rend souvent des deux côtés, par des circonstances nouvelles, des résultats acquis, les rapprochements plus faciles après qu'avant la lutte.

Celui qui triomphe, comme celui qui succombe, sont l'un et l'autre plus disposés à écouter les conseils de la raison.

Le vaincu, perdant l'illusion de ses espérances, se fait plus modeste dans ses prétentions ;

Le vainqueur, ému par la magnanimité, écoute les sentiments généreux qu'éprouve une âme noble sous les impressions si douces de la victoire lui disant de faire des concessions que son honneur ou sa dignité refusait avant.

La conciliation des deux côtés, s'appuyant sur des données que les épreuves ont rendu plus nettes, devient plus aisée.

L'arrangement se fait alors d'un commun accord, dicté par le besoin, et il dure autant que les intérêts respectifs ou les nécessités absolues qui l'ont amené subsistent.

Les Etats du Sud, ne fût-ce que par leur infériorité numérique, ne sont pas de force à soutenir longtemps la guerre : ils seront, répétons-le encore, écrasés par les Etats du Nord. Il faudra bien qu'ils se soumettent et qu'ils rentrent, bon gré malgré, dans l'Union fédérale.

Quand une nation traverse les tristes et sanglantes épreuves de la guerre civile, et qu'après avoir subi les horreurs qu'enfantent les passions les plus effrénées elle reste encore debout, on peut croire qu'elle aura acquis un nouveau et plus ferme degré de force, d'énergie, de persévérance prévoyante pour suivre avec succès la ligne qui a guidé ses premiers pas. On peut même tenir pour certain que, retrouvant dans le calme la puissance que donne l'unité, elle s'appliquera à perfectionner sa civilisation, à étendre tous les moyens de la production utile qui procurent au peuple le bien-être et la prospérité.

Les matelots qui n'ont pas fait naufrage, dont le vaisseau a été battu par les fureurs d'une violente tempête, rentrent au port le courage éprouvé par les dangers ; ils y jettent l'ancre l'espérance au cœur, l'énergie dans la volonté, réparent vite leurs avaries, reprennent bientôt la mer et continuent leur voyage.

Tels seront les Américains !

Ils effaceront promptement les désastres de la guerre, recommenceront, d'un pas affermi par les leçons de l'adversité, leur marche dans la voie du progrès ; ils redoubleront d'efforts pour développer l'agriculture, l'industrie, le commerce ; rouvrir les anciennes sources de la richesse, en découvrir de nouvelles qui consolident leur puissance, l'étende, la fasse briller encore par d'heureux mouvements en avant, aux yeux du monde étonné.

§ XXIV.

Si les Américains ont le bon esprit de se renfermer dans les limites actuelles de leur immense territoire, le plus grand de tous, excepté celui de la Russie, d'y porter sur les nombreux points, où il reste encore tant à faire, leur infatigable aptitude pour les grandes entreprises, et ce sera une détern.ination sage; leur génie qui perfectionne les anciens moyens, qui en invente de nouveaux pour qu'avec une même somme de travail la production soit plus prompte, plus grande et moins coûteuse ; les Américains sont assurés de trouver dans l'agriculture d'un riche sol, dans l'industrie déjà très-avancée, dans le commerce qui s'étend aux extrémintés de la terre, des résultats solides qui grandiront leur nation déjà grande et qui la placeront définitivement parmi celles qui occupent le premier rang.

Mais si les Américains continuaient de se nourrir d'idées de conquêtes en dehors de leur domaine, c'est-à-dire s'ils voulaient réaliser leurs projets d'entreprises sur l'Amérique centrale et sur celle du Sud pour les annexer à leurs Etats, ils perdraient les avantages précieux de la paix, toujours si favorables à l'entretien sur une grande échelle de la prospérité nationale.

L'Europe ne souffrirait point l'ambitieux envahissement par eux des pays sur lesquels son attention, en commençant par le Mexique, se manifeste dans l'action des trois gouvernements français, anglais et espagnol, agissant d'accord pour éteindre l'anarchie qui déchire et stérilise ce riche sol qu'arrose de sang la fureur des guerres civiles, dont les effets déciment sans cesse ses habitants, les privent ainsi de tous progrès et du bonheur que leur donnerait cet heureux climat, si l'ordre et la tranquillité étaient régulièrement établis sous les influences d'un gouvernement fort et stable.

L'intervention des puissances dont nous venons de parler amènera ce résultat, que désire l'humanité et que la civilisation réclame, aussi bien pour le Mexique que pour l'Amérique centrale et l'Amérique méridionale.

Si les Américains continuaient d'être travaillés par le besoin d'aventures et qu'ils n'en trouvassent plus sur leur territoire qui fussent propres à calmer la fièvre du mouvement qui les anime, eux qui n'ont pour toute colonie que *Liberia* sur la côte d'Afrique, qui est plutôt un simple comptoir qu'une possession proprement dite, pourquoi ne tourneraient-ils pas leurs besoins d'extension du côté du Pacifique, où il reste encore une infinité d'îles dont un assez grand nombre sont d'une remarqnable fertilité.

Elles fournissent aux insulaires tout ce qui est nécessaire à leurs besoins grossiers. Les productions naturelles, que le climat doux favorise, se développent sans aucun aide du travail.

La nation américaine entre toutes est l'une de celles le plus rapprochée de ces heureuses régions.

Si les Américains portaient leurs vues sur quelques-unes de ces îles, il en résulterait pour eux-mêmes de grands avantages et pour les insulaires, à peu près à l'état sauvage primitif, de grandes améliorations.

La condition dans laquelle vivent ces insulaires, qui les place voisins de la brute, se transformerait peu à peu, même peut-être vite; car, il faut le reconnaître, les Américains réunissent tout ce qu'il faut pour introduire la civilisation parmi les sauvages,—et l'on peut ajouter, à leur louange, que si des cas de violence se sont produits, ça généralement été pour réprimer des embuscades, des trahisons que les sauvages qui restaient sur le territoire américain ont quelquefois ourdies perfidement contre ces derniers.

Les Américains ont à eux des moyens particuliers de civilisation dont l'expérience a justifié, par le succès sur leur propre territoire, l'efficacité.

Ils les pratiquent par extension successive dirigeant leur action du centre à la circonférance.

La condition de leur propre bien-être matériel, portée partout avec eux, agit sur le sauvage qui en fait la comparaison avec l'Etat où il se trouve.—Il est bientôt travaillé du désir d'obtenir quelques-unes des douceurs dont le spectacle frappe ses yeux, et il finit par comprendre qu'il ne peut les partager qu'en imitant ceux qui savent se les procurer par l'activité et le travail.

Ce premier pas fait, le reste marche assez vite.

Les Américains n'ont pas cependant réussi à faire entrer sans exception toutes les peuplades dans la voie des améliorations. Des hordes peu nombreuses ont préféré conserver leur indépendance vagabonde et errante pour jouir encore de leur état sauvage sur quelques points des versants et dans les gorges des montagnes Rocheuses et aussi dans l'Orégon, d'où ces sauvages sortent quelquefois pour marauder.

Mais sur les îles dont nous parlons, qui ne présentent que des surfaces relativement restreintes comparées à celles du territoire américain, l'action civilisatrice américaine agirait plus promptement qu'elle ne l'a fait chez eux.

Aux environs de Saint-Louis, sur le Mississipi, au confluent du Missouri avec ce fleuve, il y avait une Société, et ce n'était pas la seule en Amérique, qui défrichait et ensemençait, dans la concession faite au colon arrivant, une surface de terre de dix acres, lui bâtissait une maison, des étables et autres abris, lui fournissait tous les instruments aratoires et les bestiaux nécessaires, etc., etc.

Le colon devait rembourser en dix ans les avances faites par la Société.

Mais si celle-ci, après trois années révolues, reconnaissait d'une manière positive que le colon manquât d'aptitude ou de vigilance, ou qu'il fût paresseux, en un mot incapable de faire prospérer sa concession, la Société retenait les dix acres défrichés, les constructions, les bestiaux, les instruments aratoires dont elle avait fait les frais.

Les Américains sont incontestablement d'habiles *civilisateurs*, leurs facultés à cet égard sont sans rivales !

§ XXV.

L'Espagne possédait la plus grande partie du Nouveau-Monde, où elle a laissé particulièrement dans l'Amérique centrale et celle du Sud de nombreux monuments consacrés au culte.

Plusieurs subsistent encore bien conservés ou ruinés des effets du temps. Ils témoignent, par leur étendue et la richesse de leur architecture, que les Castillans offraient des images extérieures imposantes aux peuples de ces contrées, pour les préparer à recevoir la civilisation.

Les Espagnols avaient dans les mains l'instrument du grand pouvoir de la religion chrétienne, dont la pratique, dans les formes qui se produisent au dehors, ne pouvait manquer de faire impression et d'exercer une sorte de charme sur les yeux de ces peuples simples.

Les cérémonies du culte chrétien portent en elles un caractère grave et de solennité pompeuse.

Les autels, les emblêmes, les vases sacrés, les costumes, toutes ces choses exceptionnellement riches et éclatantes en Amérique, éblouissaient les Indiens, les disposaient à écouter, à recueillir, avec des émotions qui portaient leur fruit, les paroles descendant, de même que des oracles, de la chaire, pour leur annoncer, par la bouche des prêtres, qu'un Dieu de bonté, de miséricorde et tout puissant, les envoyait, comme ses représentants parmi eux, afin de renverser les idoles élevées aux faux dieux du pays et de convertir ses habitants à la religion chrétienne, qui peut seule leur assurer une vie heureuse sur cette terre et un bonheur sans fin après la mort dans la vie éternelle.

Ces bons Indiens, qui croyaient fermement ce qui leur était promis au nom du Dieu des chrétiens, furent cruellement déçus des flatteuses et consolantes espérances conçues et si vite remplacées par le désespoir qui pénétra leur âme quand ils se virent, par les chrétiens et ces mêmes hommes de Dieu qui leur promettaient le bonheur, les objets d'une persécution à outrance.

Il leur fallut fournir un travail pour remuer la terre dont la continuité les tuait.

Ou enfermés dans la profondeur des mines insalubres, ils succombaient par milliers sous les fatigues insupportables de l'extraction de l'or.

Ces anéantissements d'Indiens, et bien d'autres encore, s'exerçaient sans assouvir l'insatiable et cruelle cupidité des conquérants ni des convertisseurs de ces pauvres créatures qui pouvaient craindre, en mourant, d'être trompés pour ce qu'on leur promettait dans l'autre vie, comme ils étaient trompés pour ce qu'on leur avait promis dans celle-ci.

La religion chrétienne, qui prescrit, dans le sublime précepte de l'Evangile, *de ne pas faire à autrui ce que nous ne voudrions pas qu'on nous fît*, ne peut point sans doute être atteinte par les actes de ceux de ces indignes ministres qui ont commis ou aidé de pareils forfaits.

Mais il est déplorable que son auguste nom serve à favoriser des horreurs qui font rougir et trembler l'humanité !

La cour d'Espagne, qui fut instruite plus spécialement par le vertueux et éloquent Barthélemi Lascasas, zélé défenseur des Indiens, malgré son désir, resta elle-même impuissante à détruire entièrement les persécutions qui s'exerçaient si cruellement contre ces êtres inoffensifs ; elles continuèrent et furent poussées si loin, que des peuples nombreux de ces pays ont entièrement disparu.

§ XXVI.

La civilisation qu'ont promenée les Espagnols sur le sol Américain était toujours, dans les commencements, en compagnie de la mort, et il semblait qu'elle voulût s'ouvrir, par ses œuvres de destruction, un passage à travers des cadavres.

Plus tard, de hauts personnages bien en cour, dont la fortune *ébréchée* les recommandait, furent envoyés dans les riches pays de l'Amérique, sous les titres de vice-rois, de gouverneurs, etc. ; ils s'occupèrent plus d'amasser des richesses que de répandre des lumières utiles.

Il y a certainement des hommes distingués et probes qui firent une exception à la règle d'extorsion qui paraissait généralement être suivie. L'histoire a inscrit leur nom avec honneur dans ses pages.

Si on admire le courage, l'intrépidité des héros qui ont accompli la conquête espagnole, on frémit en même temps des horreurs, des crimes qu'ils ont commis ou laissé faire pour avoir de l'or, alors qu'il pouvaient les empêcher (1).

Quand l'autorité des gouverneurs se fit sentir et introduisit un peu de régularité dans le pouvoir, le goût d'amasser des richesses ne se perdit point, et l'action du gouvernement s'exerça faiblement pour favoriser le genre de progrès qui éclaire les hommes et les attache,— des exploitations de mines d'or et d'argent continuèrent ; peu d'agriculture, — peu ou point d'industrie.

Il arriva que ces magnifiques pays n'eurent, même dans les centres les plus importants, que le vernis des améliorations ; rien de solide. Tout était à la surface.

Aussi, l'influence de la métrople, au lieu de gagner chaque jour du terrain dans l'esprit des populations, comme cela eût été si elle avait eu le bon esprit de fonder quelque chose qui

---

(1) On peut se faire une idée de ce qui s'est passé dans le Nouveau-Monde en parcourant entre autres :

La Cronica de la Nueva Espagna, por Francisco Lopez de Gomera (1554) ;

La Historia verdadera de la conquista de la Nueva Espagna ;

La Historia de la conquista de Mexico, par Don Antonio de Solis (1684).

Ces trois historiens ne disent pas toutes vérités. Mais Herrera, parmi les nombreux historiens espagnols, est de tous celui qui nous a donné le récit le plus exact et le plus circonstancié de la conquête du Mexique et des autres événements de l'Amérique.

présentât de la consistance, voyait-elle à chaque instant un lien de plus se rompre.

De sorte que l'Espagne se trouva, en 1822, forcée d'évacuer définitivement ce qui lui restait dans ces *riches pays* sans laisser au cœur des populations des sympathies qui leur recommandassent son souvenir ; — dire ainsi, c'est peu dire.

L'Espagne a voulu régner dans ces belles contrées d'après le système funeste de tout prendre et de ne rien donner.

Elle s'opposait même de toutes ses forces, par un esprit jaloux et égoïste bien mal entendu, à l'introduction d'améliorations dont elle eût cependant la première profité ; mais comme elle était obligée d'en partager les avantages, elle les repoussait absolument.

C'était suivre une voie bien opposée au caractère généreux de la nation espagnole ; mais il en était ainsi.

§ XXVII.

Les Américains ont un tout autre système ; ils déterminent le progrès par :

L'agriculture, qui défriche les terres et les fait produire des fruits utiles ;

L'industrie, qui élève des fabriques, des usines, et transforme les matières premières pour l'usage de tous ;

Le commerce, qui exporte ses produits chez les autres nations ou importe dans leur pays ce qui manque à ses habitants ;

Par le bien-être que leur gouvernement donne au peuple.

Il sait inspirer partout, et dans toutes les classes, l'amour du travail et de la vigilance, d'où on est toujours sûr de le voir sortir.

Les Américains ne forcent personne au travail par la crainte des châtiments ; mais ils y excitent les nouveaux venus par l'exemple qu'ils présentent sans cesse de leur inépuisable activité qui devient, par les résultats utiles qu'elle produit, le stimulant général incessant qui donne ce mouvement et cette activité fiévreuse qu'on voit se mouvoir sur tous les points de leur surprenant pays...

On est, pour ainsi dire, à regretter que des considérations de premier ordre ne permettent pas que l'Europe laisse les Américains annexer à leurs États des territoires pris sur leurs voisins, qui ne savent pas les faire produire ; car on serait sûr de les voir y développer vite une civilisation qui ferait cesser les agitations qui les déchirent, et aurait une consistance assez forte pour que les progrès devinssent durables.

§ XXVIII.

Les richesses naturelles que fournit le sol fécond du Mexique, de l'Amérique centrale, de l'Amérique du Sud, ne sont connues qu'imparfaitement.

Celles qui nous arrivent de ces beaux et somptueux pays pour entrer, par la confection, dans nos riches meubles ou, par d'intelligentes préparations, dans la recherche des jouissances perçues par les sens que Dieu nous a donnés, ne sont, pour ainsi dire, que des échantillons amoindris obtenus par des exploitations malentendues, des cultures restreintes, mal faites; en réalité, on ne trouve dans les spécimens, affaiblis trop souvent par des méthodes inintelligentes, qu'une idée bien incomplète des choses.

Il faut voir ces vastes forêts, couvertes d'arbres majestueux disputant par leur prodigieuse hauteur le passage aux nuages que les orages promènent sur leurs imposantes cîmes, s'assimilant au contact les particules humides, et de temps à autre les forçant à crever pour rafraîchr le sol et activer la végétation.

Ces forêts offrent des bois propres aussi bien à la construction des maisons qu'à celle des navires ; ceux-ci y trouvent plusieurs autres essences que celles du chêne et de ces superbes sapins, si droits, si hauts, si gros, qu'ils ne laissent rien à désirer pour la mâture des vaisseaux du plus fort tonnage.

Ceux si précieux à l'ébénisterie : l'acajou varié, le palissandre, l'ébénier, les bois de citronnier, de rose, de fer, etc., etc.

Plusieurs autres espèces, par les éclats de leur tronc ou de leur écorce, ainsi qu'une infinité de plantes tinctoriales plus modestes, servent les uns et les autres dans nos fabriques, en Europe, à produire ces belles et éclatantes étoffes qui en sortent et retournent pour une part aux lieux qui ont fourni les couleurs dont elles brillent.

Le café, le sucre, la muscade, le clou de girofle, la canelle, le poivre, le cacao, etc., qui se trouvent chez nos plus modestes marchands, et qu'on rencontre même aujourd'hui dans les villages les plus retirés, s'obtiennent partout à des prix qui permettent à toutes les classes de la société leur usage.

Le tabac, le coton de plusieurs sortes, le *stike* coton, comme le nomment les Anglais (1), le formium tenax, ne sont pas les seules plantes textiles de ces contrées : — le lin, le chanvre y croissent spontanément dans les terrains d'alluvion restés un peu humides. — Il ne faudrait que la main de l'homme pour en établir avec succès la culture.

La pharmacie, cet art de composer les médicaments, ne rencontre-t-elle pas aussi en Amérique à peu près toutes les substances qui, sous le régime des ordonnances de la science médicale, viennent toujours promettre la santé et la rendent quelquefois au malade qui soupire après sa guérison.

Les baumes, les essences, les pommades, les infusions, etc., touvent les éléments de leur composition dans une multitude de substances fournies par ces belles régions (2).

La confiserie, si perfectionnée de nos jours, qui sait par son art nous présenter dans une infinité de formes les saveurs les plus fines, les plus variées, dont le goût charme également le palais et les yeux des jeunes femmes et de celles qui ne le sont plus.

C'est encore l'Amérique qui fournit la plus grande partie de ce qui sort des laboratoires où sont composées toutes ces jolies choses qui ornent si bien le *surtout* des tables de l'opulence et concourent aux jouissances de la sensualité qui aime les fines délicatesses.

La parfumerie, cet autre art qui a trouvé le secret de rendre permanentes ces odeurs que la nature nous offre dans nos climats, si fugitives, mais dont nos sens sont parfois enivrés dans les belles soirées du printemps ; la parfumerie va chercher ses plus douces senteurs sous ce beau ciel de l'Amérique dont la chaleur donne plus d'intensité aux odeurs très-variées de ses productions naturelles.

---

(1) Les Anglais ont apporté dans leur pays, des Indes Orientales, cette substance textile, croyant qu'elle n'existait que là ; ils font encore (1862) des expériences qui conduiront à fournir à l'industrie cette matière première, la plus précieuse et la plus belle pour confectionner de riches tissus.

J'en ai des échantillons qui prouvent que déjà un grand pas est fait pour atteindre ce résultat.

(2) Il serait abusif d'en placer ici la nomenclature ; nous n'en citerons que quelques-unes :

Le ricin, le quinquina, le gaïac, le copahu, le cubèbe, le sassafras, la salsepareille, la cascarille, et une infinité d'autres, sont fournies par l'Amérique.

La science chimique appliquée a fait faire de si grands progrès à la parfumerie que ses produits sont, on peut le dire, *vulgarisés*.

Ce n'est pas seulement la femme du grand monde dont le boudoir, les salons et la personne exhalent les odeurs les plus charmantes qui contribuent tant par leur permanence au renouvellement et à la variété de nos sensations, c'est encore la plus modeste villageoise, trouvant partout à bon marché quelque parfum qui ajoutera, croit-elle, aux agréments de son frais visage.

Et toutes ces fleurs si brillantes, des plus riches couleurs, si gracieuses, des formes les plus élégantes, ne couvrent-elles pas le sol des bois, des vallées, des prairies de l'Amérique?

Les plus belles, qui ornent et brillent entre toutes dans nos parterres, ne sortent-elles pas de ces régions fortunées qui ne nous ont donné dans celles qui sont arrivées chez nous qu'une faible idée de la multitude des richesses florales de ces heureuses régions ?

Ne sont-ce pas ces immenses savannes, connues sous le nom de *Pampas*, dépendant en partie de la République argentine, où se rencontrent ces millions de taureaux sauvages nourris sur ces vastes plaines, y trouvant dans leur fertilité une herbe abondante qui les fait croître vite pour devenir bientôt la proie du hardi chasseur au *Lasso* ?

Ce sont les peaux de ces pauvres bêtes qui alimentent pour une grande part les établissements de nos intelligents tanneurs sachant les préparer utilement pour des besoins nombreux.

Ce sont leurs *os*, transformés en noir animal, qui facilitent et ont concouru à perfectionner certains produits usuels de nos fabriques.

C'est encore les cornes qui ornaient et servaient d'armes à leur front, les sabots qui protégeaient leurs pieds, qu'on voit prendre chez nous toutes sortes de formes d'un usage si répandu et plus agréable chaque jour que cette matière première travaillée par des mains habiles lui ont donné une tranparence qui rivalise presque avec celle de la plus belle écaille.

N'est-ce pas encore dans les régions méridionales de l'Amérique que la nature s'est plu à parer le plumage des oiseaux dont la richesse, l'éclat des couleurs ou l'élégance de la forme, sont si fort recherchés pour orner surtout les coiffures de nos dames d'Europe?

On pourrait dire que du Chili, où nous avons vu de si magnifiques moissons, jusqu'au sud de l'Amérique du Nord, aux confins du Mexique, où nous avons rencontré des plaines de vingt lieues sur douze de large couvertes de superbes avoines poussées spontanément, tout l'intervalle serait pour d'immenses superficies propre à cultiver avec succès toutes les espèces de céréales ou de denrées tropicales.

Tout le monde sait que ces pays ont le privilége de fournir de l'or, de l'argent en abondance, et aussi du platine, matière si précieuse pour nos fabriques de produits chimiques, et qu'en outre tous les autres métaux s'y trouvent à peu près partout.

La nature y a encore répandu d'autres productions d'une valeur fictive, il est vrai, mais qui n'en sont pas moins d'un grand prix.

N'est-ce pas sur cette terre si largement favorisée qu'on rencontre encore ce genre de concrétion si recherchée du luxe?

Les pierres précieuses de toutes sortes, — les diamants, les rubis qui ne cèdent guère en valeur à ces derniers, sont répandus en beaucoup d'endroits; on les rencontre quelquefois sans y songer. — Des recherches intelligemment faites en feraient probablement trouver des quantités dont on ne soupçonne même pas l'existence.

Nous sommes un peu autorisés à parler ainsi par les échantillons nombreux de pierres fines que nous avions ramassées parmi les sables et les galets de la rive gauche du *Touloumné* qui coule au pied de la Sierra-Nevada; d'adroits voyageurs nous ont enlevé, sans nous consulter, la meilleure et la plus grande partie de ces riches specimens de la minéralogie américaine.

On ne commencera à connaître un peu plus ce que renferment de richesses de toutes espèces le Mexique, l'Amérique centrale et l'Amérique du Sud que du moment où ces pays fortunés pourront être abordés avec plus de facilité et soumis aux exploitations des Européens soucieux d'y chercher les faveurs de la fortune, qu'ils trouveront dans l'agriculture, l'industrie et le commerce pratiqués comme il convient et que le permettent ces heureuses contrées.

L'accès plus facile et des résultats avantageux découleront indubitablement de la communication maritime des deux Océans Atlantique et Pacifique.

Cette jonction, qu'on cherche en vain depuis trois siècles et demi environ, prouve, par la persévérance qu'on y a mis, que sa grande utilité a été reconnue dès les premiers temps de la conquête espagnole.

On peut dire que, le secret une fois dévoilé de cette mystérieuse communication inter-océanique, ce sera pour ainsi dire une seconde découverte de l'Amérique méridionale, puisque, si on connaît son étendue, on est resté dans l'ignorance sur les nombreux côtés cachés encore des immenses avantages que son sol pour la culture et ses productions naturelles offrent.

Les richesses innombrables ignorées seront un jour dévoilées par l'action qu'exercera sur les pays qui les renferment l'ouverture du canal dont il s'agit, si on a trouvé son passage à travers l'isthme étroit et déprimé de Panama.

Mais une pareille voie maritime ne peut recevoir le commencement de son exécution qu'à une époque dégagée d'inquiétudes politiques, afin qu'elle puisse, dans le calme, lui être favorable.

Cette grande création, qui unira à plein niveau les deux Océans, inaugure dès son existence une ère nouvelle pour la navigation aux longs cours, les transactions commerciales entre tous les Etats de la terre, et pour l'Amérique méridionale l'action de causes nouvelles et efficaces qui fera rentrer ces beaux pays dans la route du progrès.

Et la civilisation pourra, en partant de la vieille Europe, ce foyer des connaissances obtenues après les efforts de tant de siècles, répandre plus facilement par ce passage sur tous les points du globe les lumières utiles qui apprennent aux peuples à constituer leur bonheur par l'agriculture, l'industrie, le commerce et la concorde.

Les influences heureuses que cette communication des Océans porte en elle lui donnent le caractère d'un bienfait si universel qu'à l'avance les sympathies de toutes les nations lui sont acquises.

§ XXIX.

Ce n'est pas seulement les considérations de l'anéantissement du commerce de la vieille Europe avec le Nouveau-Monde qui en serait la conséquence, si les Américains établissaient leur domination dans le vieux Mexique, dans l'Amérique centrale, dans l'Amérique du Sud ; c'est une raison de plus haute valeur encore, puisqu'elle trouve sa justification, sentie de plus en plus par la politique générale, de conserver la vieille Europe dans toute son intégrité, en maintenant chaque Etat dans les limites qui lui sont propres.

On sait que les Américains ont déjà trouvé dans leur territoire, par les ressources qu'il présente, les moyens de devenir en peu d'années une grande nation.

S'ils y joignaient les pays dont nous parlons, ils procéderaient comme par le passé ; suivraient, à l'égard de ces nouvelles acquisitions, des voies semblables, et se serviraient des mêmes puissances attractives pratiquées depuis 1789 et de l'appât des mines d'or que ces pays renferment.

Il est probable qu'ils obtiendraient pour ces vastes contrées, sur une grande échelle, des résultats identiques à ceux acquis ; c'est-à-dire qu'ayant beaucoup de terres à donner, ils recruteraient en grand dans les populations de la vieille Europe, parmi les hommes nombreux qui n'y trouvent pas la somme de bien-être qu'ils veulent, qui iraient, avec l'énergie des gens qui quittent leur patrie, jouir ailleurs d'un bonheur qui leur est refusé dans leur pays natal, et l'on verrait le chiffre de la population américaine atteindre rapidement une proportion qui pourrait un jour devenir inquiétante pour les nations de l'ancien Continent.

N'a-t-on pas vu les Carthaginois faire trembler l'empire romain, bien autrement puissant qu'aucun gouvernement de notre époque ? n'envahirent-ils pas les provinces d'Espagne qu'occupaient les légions romaines ? Ils étendirent leurs entreprises même dans celles de l'Italie centrale, et Annibal, dont les victoires lui en ouvrirent le chemin, osa bien porter ses armes jusqu'au pied des murailles de Rome épouvantée !

Les hommes d'État, qui voient de haut et loin, sont à même de considérer plus froidement et envisager d'une manière plus nette les circonstances où se trouvent placés les États-Unis, celles qui existent dans le Mexique, l'Amérique centrale et du Sud, d'en peser la valeur ou isolément prises ou collectivement appréciées.

Mais il paraît difficile que la politique, qui sait voir ce qu'offrent au fond les choses, ne trouve pas en Amérique plus d'une sorte de danger que l'Europe, ce nous semble, a le devoir, dans l'intérêt du Nouveau aussi bien que dans l'intérêt du Vieux-Monde, de détourner, de conjurer s'il se peut, soit en faveur de notre époque, soit en faveur de l'avenir.

COUP D'ŒIL

SUR

LES DEUX AMÉRIQUES

APPENDICE

PRÉSENTANT

LES POSSESSIONS EN TERRE FERME, LES COLONIES ET LES COMPTOIRS

DE

L'ANGLETERRE, LA FRANCE, LA HOLLANDE, L'ESPAGNE, LE PORTUGAL, LE DANEMARK ET LA RUSSIE.

Observation: Le mot Station correspond à Comptoir.

ANGLETERRE.

POSSESSIONS, COLONIES ET COMPTOIRS.

Amérique du Nord.

La Nouvelle-Bretagne, qui comprend :
Le Labrador, sur l'Océan Atlantique.
Le Canada, sur le golfe Saint-Laurent.
La Nouvelle-Galles, } Sur la baie d'Hudson.
Le Maine oriental, }
La Nouvelle-Ecosse, sur l'océan Atlantique.
Le nouveau Norfolk. }
Le nouveau Cornwailles. } Sur l'océan Pacifique.
Le nouveau Hanovre. }
Une partie de l'Orégon. }
Les îles de Cockburne, de Southampton, la péninsule de Malles-ville, dans les mêmes parages.
L'île de Terre-Neuve, dans l'Océan Atlantique.

Les îles des Bermudes. L'île de la Jamaïque. — Saint-Christophe. — de la Dominique. — Saint-Vincent. — de la Barboude. — Sainte-Lucie. — de la Barbade. — de Grenade. — de Tabago. — de la Trinité.	Grandes et petites Antilles.

Amérique centrale.

Terre ferme, colonie Belixe, sur le golfe du Mexique.

Amérique du Sud.

Terre ferme, colonie Demeray, sur l'Océan Atlantique.

L'île Georgie. Les îles Falkland ou Malouines.	Océan Atlantique.
Les îles Sandwich. — Taïti. — de l'archipel Pomatou. — Gambier. — de Cook. — Pitcairn. — Marianne.	Océan Pacifique.
L'île de l'Ascension. — Sainte-Hélène. — Tristan d'Aumha.	Océan Atlantique.

Europe.

Station Gibraltar, sur les côtes d'Espagne, mer Méditerranée.

Afrique.

Station Bathurst. Station Siera-Leone. Ile Scherbro. Station Captawn. Station Acra.	Sur les côtes de l'Afrique.	Océan Atlantique.
L'île de Fernando Po, dans le golfe de Guinée.		Océan Atlantique.

Terre ferme, la colonie du cap de Bonne-Espérance.
Station Port-Natal, sur les côtes d'Afrique.

L'Ile de France (Saint-Maurice). — [illegible]. — Seychelles. — Keelings, ou des Cocos.	Mer des Indes.
L'île de Sumatra, à l'entrée du détroit de [illegible]olmandel.	Golfe d'Oman. Mer des Indes.

L'île de Kerguelen, dans le Grand-Océan.

Asie.

Station Aden, à l'entrée de la mer Rouge.
Détroit de Babelmandel.
Périm, nouvellement acquis dans les mêmes parages.
Terre ferme, tout l'Hindoustan, dont la population est d'environ cent soixante-dix millions.

Station Madras. — Amherstown. L'île Andaman. — de Ceylan.	Golfe du Bengale.
Station Malaca. — Singapour.	Péninsule Malaye.
— Sanawack. — Poulo Labouyon.	Ile de Borneo, Malaisie.
L'île Hong-Kong, dans les mers de la Chine.	
L'île Malville. Terre ferme, la Nouvelle-Hollande. — la terre de Van-Diémen. L'île de Norfolk.	Océanie.
Les îles Auckland. — Campbell. — Macquarie.	Grand Océan.

RÉCAPITULATION.

Possessions ou colonies en terre ferme (1) ..	15
Groupes d'îles ou îles isolées (2)	41
Stations ou comptoirs (3)	13

---

(1) Dans ses possessions en terre ferme, l'Angleterre est maîtresse de plus de la moitié de l'Amérique du Nord, de tout le territoire du cap de Bonne-Espérance, de tout l'Hindoustan, de toute la Nouvelle-Hollande, de toute la terre de Van-Diémen.

(2) Dans ce nombre, il se trouve 15 groupes qui réunissent en moyenne chacun 3 îles : c'est donc 30 îles qu'il faut ajouter aux 41 comptées, ce qui porte en réalité le nombre total des îles Britanniques à 71.

(3) Nous n'avons pas besoin de dire que les stations ou comptoirs de l'Angleterre occupent les points les plus favorables pour le commerce, car chacun sait combien l'Angleterre est attentive à cet égard ; au demeurant, elle a bien fait, puisqu'on a eu la simplicité de la laisser agir librement.

Nota.—Depuis le relevé ci-dessus, l'Angleterre a pris possession d'une partie de la Nouvelle-Zélande, dans le Grand-Océan, et de Périm, sur la mer Rouge. (Nous faisons cette observation en janvier 1862.)

FRANCE.

POSSESSIONS, COLONIES OU COMPTOIRS.

Les îles de Saint-Pierre et Miquelon, dans le golfe de Saint-Laurent (Océan Atlantique).
L'île de la Guadeloupe, dans les grandes Antilles.
— de Marie-Galande. } Petites Antilles.
— de la Martinique. }

Amérique du Sud.

Terre ferme, la Guyane (Cayenne), sur les côtes est de l'Amérique du Sud.
Les îles Marquises, dans l'Océan Pacifique.

Afrique.

Terre ferme, l'Algérie, sur la Méditerranée.
Station Dagance-Sénégambie. }
— Saint-Louis. }
L'île Gorée. } Océan Atlantique.
Station Albreda. }
— Grand-Bassam Nigritie. }
— Assinie. }
Les îles Nosibée (Madagascar). }
L'île Sainte-Marie. } Mer des Indes.
— Bourbon. }

Asie.

Station Mahé, dans le golfe d'Oman (mer des Indes).
— Karikal }
— Pondichéry. } Golfe du Bengale (mer des Indes).
— Yanaon. }
— Chandernagor. }
— Akoroa. } Nouvelle-Zélande (Océanie).
L'île d'Urville. }
La Nouvelle-Calédonie (Océanie).
Terre ferme, Louis-Philippe, dans l'océan Glacial (découverte en 1837, contrées affreuses).

RÉCAPITULATION.

Possessions et colonies en terre ferme (1) . . . 4

---

(1) Dans ses possessions en terre ferme, la France est maîtresse d'une partie de la Guyane, qui vaut quelque chose ; de l'Algérie, dont jusqu'à présent la possession a plutôt été une charge pour la mère-patrie qu'un

Groupes d'îles ou îles isolées (2)	11
Stations ou comptoirs (3)	11

HOLLANDE.

POSSESSIONS, COLONIES ET COMPTOIRS.

L'île de Curaçao, dans la mer des Antilles.

Afrique.

Terre ferme, Paramaïbo ou Suriman (Guyane), sur les côtes de l'Amérique du Sud.

Station Elmina. } Golfe de Benin (Océan Atlantique).
— Azim. }
— Poutianack, Borneo, Malaisie (Océanie).

L'île de Java. } Détroit de la Sonde (Océanie).
— une partie de Sumatra. }
— une partie de Timor, une partie au Portugal. } Océanie.
— Wetter. }
Les îles Celebes. }
L'île Timorlant (mer des Moluques). }

RÉCAPITULATION.

Possessions ou colonies en terre ferme (4)...	1
Groupes d'îles ou îles isolées (5)	7
Stations ou comptoirs (6)	3

---

avantage ; mais on pourra, dans la suite, tirer quelques beaux produits de cette possession. Le gouvernement impérial a pris possession de la Nouvelle-Calédonie depuis peu d'années ; cette île a plus de 80 lieues de long sur 10 à 12 de large. C'est une acquisition fort utile sous plusieurs rapports. Les terres Adélaïde et Louis-Philippe sont inhabitables.

(2) Dans ce nombre, il se trouve 3 groupes, qui réunissent en moyenne chacun 3 îles ; c'est donc 6 îles qu'il faut ajouter aux 10 comptées, ce qui porte le nombre total des îles françaises à 16

(3) Nos stations ou comptoirs sur les côtes d'Afrique sont assez bien situées ; celles sur les côtes de l'Asie, Mahé, Karikal, Pondichéry, Ynaon et Chandernagor, sont sans nul doute avantageuses à notre commerce dans la mer des Indes.

(4) La Hollande ne possède en terre ferme qu'une partie de la Guyane, placée entre la partie qui est à l'Angleterre et celle qui appartient à la France.

(5) Dans ce nombre il se trouve un seul groupe, composé de 4 îles ; c'est donc 3 îles qu'il faut ajouter aux 7 comptées, ce qui porte le nombre total des îles hollandaises à 10.

(6) Les stations ou comptoirs de la Hollande sont situés sur la côte d'Afrique et dans l'Océanie ; leur position est favorable au commerce.

ESPAGNE.

POSSESSIONS, COLONIES ET COMPTOIRS.

Les îles Canaries, dans l'Océan Atlantique.	
L'île de Cuba (Havane). — de Porto-Rico.	Grandes Antilles (Océan Atlant).

Afrique.

Station Ceuta (détroit de Gibraltar). — Melilla —	Mer Méditerranée.
Les îles Philippines, comprenant Manille (mer de la Chine, et un grand nombre d'autres îles. La population de toutes les îles appartenant à l'Espagne est de deux millions d'habitants; ce sont ces îles qui produisent les épiceries fines). L'île Mindanao. Les îles Carolines (Polynésie).	Océan Pacifique.

RÉCAPITULATION.

Possessions ou colonies en terre ferme (1) ..	0
Groupes d'îles ou îles isolées (2)	7
Stations ou comptoirs (3)	2

PORTUGAL.

POSSESSIONS, COLONIES ET COMPTOIRS.

Les îles Açores. — Madère. — du cap Vert au nombre de 22. L'île du Prince (golfe de Benin).	Océan Atlantique.

Afrique.

Terre ferme, une partie de la Guinée. L'île Saint-Thomas. — Alcocobon.	Océan Atlantique.

Asie.

L'île Diu. Station Domaun. — Goa.	Golfe d'Oman (mer des Indes).
L'île Timour, détroit de la Sonde (une partie apppartient à la Hollande).	Océanie.

Station Macao, dans la mer de la Chine.

RÉCAPITULATION.

Possessions ou colonies en terre ferme (1) ..	0
Groupes d'îles ou îles isolées (2)............	8
Stations ou comptoirs (3)....................	3

DANEMARCK.

POSSESSIONS, COLONIES ET COMPTOIRS.

Terre ferme, le Groenland, détroit de Davis, dans la mer Glaciale (Océan Atlantique).

L'île d'Islande, dans la mer Glaciale.

L'île de Feroë, dans la mer du Nord.

Afrique.

Station Quila (golfe de Benin, golfe de Guinée), dans l'Océan Atlantique.

Asie.

Station Tranguebar. — Serampour.	Golfe du Bengale (mer des Indes).

RÉCAPITULATION.

Possessions ou colonies en terre ferme (1) ..	1
Groupes d'îles ou îles isolées (2)............	2
Stations ou comptoirs (3)	3

RUSSIE.

POSSESSIONS, COLONIES ET COMPTOIRS.

L'île du Spitzberg (le mercure s'y congèle). — de la Nonvelle-Zélande (presque inhabitée).	Océan Glacial.

Amérique du Nord.

Terre ferme, Amérique russe, dans l'Amérique septentrionale.	Mer de Behrim. Mer Polaire.

Les îles Aléontiennes, dans la mer de Behring et l'Océan Pacifique.

RÉCAPITULATION.

Possessions ou colonies en terre ferme (1) ..	1
Groupes d'îles ou îles isolées (2)	3
Stations ou comptoirs (3)	0

ÉTATS-UNIS.

POSSESSIONS, COLONIES OU COMPTOIRS.

Afrique.

Station Monrovia-Liberia, sur le Mesurado, rivière ; aux côtes d'Afrique, entre Captown et Siera-Leone.	Océan Atlantique.

RECAPITULATION.

Possessions ou colonies en terre ferme (1)...	0
Groupes d'îles ou îles isolées (2)	0
Stations ou comptoirs (3)	1

SOMMAIRE DES PARAGRAPHES.

---

§ VII

§ VIII

§ IX

§ X

§ XI

§ XII

§ XIII

§ XIV

§ XV

§ XVI

§ XVII

§ XVIII

§ XIX

§ XX

§ XXI

§ XXII

§ XXIII

§ XXIV

§ XXV

§ XXVI

§ XXVII

§ XXVIII

§ XXIX

Paris. — Imprimerie de E. Briere, rue Saint-Honoré, 257.

Paris. — Imp. française et anglaise de E. Brière, rue Saint-Honoré, 257.

www.ingramcontent.com/pod-product-compliance
Lightning Source LLC
LaVergne TN
LVHW010044230826
846091LV00005B/1868

* 9 7 8 2 0 1 3 3 3 9 9 0 2 *